ANNE OTTO/CAROLA KLEINSCHMIDT |

Ist mein Kopf noch im Büro?

Das Buch

Sie haben keine Lust mehr darauf, dass der tägliche Stress Ihr Leben bestimmt? Zugleich haben Sie gar keine Zeit, um Ihr Leben komplett umzukrempeln? Dann sind Sie hier richtig!

In diesem Buch erfahren Sie:
- Wie Sie es schaffen, den Stress einfach mal links liegen zu lassen und sich zu entspannen.
- Wie Sie schon mit wenigen Minuten Aufwand dauerhaft mehr Gelassenheit in Ihr Leben bringen.
- Was Sie tun können, damit Ihre Familie, Freunde und Kollegen Sie entlasten – statt Ihnen noch mehr Stress zu bereiten.

Vielleicht erleben Sie sogar, dass es Spaß macht, die persönlichen Stressquellen und -muster zu erforschen und zu durchschauen. Denn am Ende führt Sie der Weg zu der wichtigsten Person in Ihrem Leben: zu sich selbst.

Die Autorinnen

Carola Kleinschmidt (Jg. 1968) ist Diplombiologin, Journalistin und Rednerin. Mit dem Buch *Bevor der Job krank macht* hat sie bereits einen Sachbuch-Bestseller zum Thema Burnout geschrieben. Zu ihren Schwerpunktthemen hält sie Vorträge und Seminare in Unternehmen und Organisationen. Sie lebt mit ihrem Partner und zwei Söhnen in Hamburg. www.carolakleinschmidt.de

© Beata Lange

Anne Otto (Jg. 1970) ist Journalistin, Diplompsychologin und Coach, arbeitet als freie Journalistin u. a. regelmäßig für *Brigitte* und *Psychologie Heute* und berät als Coach Frauen bei Neuorientierungsprozessen und nach Erschöpfungsphasen. Sie lebt mit ihrem Mann und ihrem Sohn in Hamburg. www.anne-otto.de

© Jochen Schmadtke

IST

Anne Otto · Carola Kleinschmidt

MEIN
KOPF

Stressfrei!

NOCH

**In 10 verblüffend
einfachen Schritten
zu mehr Gelassenheit,
Klarheit und Spaß
im Leben**

IM
BÜRO?

Brigitte Buch
im
Diana Verlag

Verlagsgruppe Random House FSC® N001967
Das für dieses Buch verwendete
FSC®-zertifizierte Papier *München Super*
liefert Arctic Paper Mochenwangen GmbH.

BRIGITTE-Buch im Diana Verlag
Originalausgabe 09/2013
Copyright © 2013 by Diana Verlag, München,
in der Verlagsgruppe Random House GmbH
Redaktion | . Regina Carstensen
Umschlaggestaltung | Eisele Grafik·Design, München
Herstellung | Helga Schörnig
Satz | Leingärtner, Nabburg
Druck und Bindung | GGP Media GmbH, Pößneck
Printed in Germany
ISBN 978-3-453-38016-5

www.diana-verlag.de

INHALT

EINLEITUNG

Total im Stress –
hört das eigentlich nie auf?

Haben Sie auch eine Freundin, die Ihnen seit Monaten wieder und wieder versichert, dass es bei ihr in der nächsten oder übernächsten Woche im Job, in der Familie, überhaupt ruhiger wird und sie dann endlich Zeit für ein Treffen hat? Aber so richtig klappt es irgendwie doch nie mit der Verabredung. Ständig kommt etwas Wichtiges oder Drängendes dazwischen, immer weiter rückt der Termin im Kalender nach hinten, wird verschoben und verschoben. Dass die Freundin Sie nicht mehr mag und die viele Arbeit nur als Vorwand und faule Ausrede benutzt, ist ausgeschlossen. Zu echt ist ihr Bedauern, dass Sie beide sich kaum mehr sehen und sprechen. Aber sie ist eben ziemlich im Stress und wird sich bestimmt bald für einen neuen Termin melden, dann, wenn sie Ruhe hat.

So weit, so bekannt. Denn ob es Ihre Freundin ist oder Sie selbst, bei der die anstrengenden Zeiten nicht mehr aufhören – mit dem Lebensgefühl, dass Stress zu einer Art Dauerzustand geworden ist, sind Sie oder Ihre Freunde nicht allein. Immer mehr Menschen merken, dass sich die

Phasen häufen, in denen man im Job und im Leben überhaupt alles gibt und in Kauf nimmt, dass der Nacken verspannt ist, dass man Hobbys, Freunde und Partner sträflich vernachlässigt und stattdessen die guten Beziehungen zur Schale mit Süßigkeiten oder zum Feierabend-Rotwein ausbaut. Spätestens dann dämmert einem: Aus einer hektischen Phase ist ein hektisches Leben geworden.

Stress und Zeitdruck haben es sich im Alltag vieler Menschen dauerhaft gemütlich gemacht. Laut einer repräsentativen Studie der Techniker Krankenkasse fühlen sich heute über 80 Prozent aller Deutschen gestresst.[1] Ebenso viele formulieren regelmäßig zu Silvester den Vorsatz, dass sie im neuen Jahr unbedingt mehr Gelassenheit in ihr Leben bringen und mehr Zeit mit der Familie oder Freunden verbringen wollen. Das Bedürfnis nach Entspannung und Erholung ist enorm. Und wie immens groß der Druck letztlich sein kann, wird deutlich, wenn man sich anschaut, wie hoch der Anteil derer ist, die so belastet und erschöpft sind, dass sie vom Stress sogar krank werden, Depressionen bekommen oder unter psychosomatischen Erkrankungen leiden. Je nach Studie haben größere Stresskrisen mit Kopfschmerzen, Magenproblemen oder Angststörungen etwa 20 bis 30 Prozent der Deutschen schon selbst erlebt. Tendenz steigend. Im Stressreport der Bundesregierung von 2012 werden diese Zahlen bestätigt.[2] Und die Weltgesundheitsbehörde (WHO) sieht in der Daueranspannung sogar »eines der größten Gesundheitsrisiken des 21. Jahrhunderts«.[3]

Angesichts einer solchen Feststellung ist oft die erste Frage: Warum ist das so? Klar ist: Es gibt unterschiedlichste Gründe für den zunehmenden Stress. Aber mal ehrlich:

Wirklich interessant ist für viele von uns doch die Frage, wie man aus dem permanenten Druck wieder herausfindet, wie man im eigenen Leben den Weg zu mehr Gelassenheit, zu mehr Zeit für sich selbst und mehr Lebensfreude findet.

Besonders wichtig ist dies für Frauen, an die wir uns mit diesem Buch auch gezielt wenden. Sie sind durch die Doppelbelastung von Beruf und Familie vielfach extrem gestresst, nicht ohne Folgen: So werden sie wegen psychischer Belastung und Stress zu 10 bis 15 Prozent häufiger krankgeschrieben als Männer.[4] Und weil Frauen in Familie und Beziehung oft genauso viel Druck spüren wie im Job, zeigt das Buch auch für all diese Bereiche, wie Stressabbau wirklich gelingen kann.

Denn jetzt kommt mal eine gute Nachricht: Ein entspanntes Leben ist keineswegs unmöglich. Stressforscher sind heute zwar der Meinung, dass die Anforderungen in Job und Familie sich in den letzten zwanzig Jahren so verändert haben, dass altbewährte Lösungen – etwa einfach darauf zu warten, dass ruhigere Zeiten kommen – nicht mehr greifen. Was aber nicht heißt, dass wir den Umständen ausgeliefert sind. Wir können etwas tun. Doch dazu brauchen wir ein neues Wissen darüber, was Druck und Hektik mit uns machen und warum es so schwer ist, aus der Stressspirale auszusteigen. Und wir benötigen effektive Strategien und Tricks, die es uns ermöglichen, den Absprung in ein harmonischeres Leben zu schaffen.

Genau an diesem Punkt setzt das Buch an. In zehn Schritten führt es Sie raus aus dem Stress und rein in Gelassenheit und Freude. In ein Gefühl von neuer Freiheit. Wie das praktisch funktioniert? Jedes Kapitel enthält eine kleine Einführung über eine bestimmte Stressfacette, sodass Sie nach und nach verstehen, wie der Stress sich in Ihrem Leben breitgemacht hat und warum er so hartnäckig ist. Doch Bescheid zu wissen über die Mechanismen, Denkfallen und Stressmuster, mit denen wir uns im Alltag konfrontiert sehen, ist nur der Anfang. Danach folgen einige einfache Übungen und konkrete Tipps, mit denen Sie dem übermäßigen Stress wirksam und schnell die Rote Karte zeigen können. Die Sofortmaßnahmen sind mit einer Handwerkerin gekennzeichnet, die einen Hammer in der Hand hält – und Nägel mit Köpfen macht.

Zusätzlich finden Sie in jedem Kapitel noch ein paar weitere Übungen, die zu mehr Selbsterkenntnis führen und die häufig in der Burn-out-Prävention eingesetzt werden. Mal auf tiefsinnige, mal auf unterhaltsame Weise können Sie mit den Mini-Experimenten die eigenen Stressfallen erforschen und so ein besseres Gefühl dafür bekommen, wo Sie immer wieder besonders viel Energie einbüßen. Die Aha-Erlebnis-Lektionen erkennen Sie an dem Symbol einer Entdeckerin, die mit Lupe und Landkarte nach unbekannten Kontinenten forscht.

Ganz ehrlich: Für die Pragmatikerinnen und Psycho-Hasserinnen unter Ihnen sind die Tipps der Handwerkerin natürlich erste Wahl. Wer sich auch gern mit größeren Zusammenhängen und Selbsterkenntnis beschäftigt und Stressabbau als Teil der persönlichen Entwicklung begreift, wird sich vielleicht mehr von den Aha-Erlebnis-Übungen angesprochen fühlen und ein paar erhellende Augenblicke erleben.

Wichtig ist uns, dass Sie nicht akribisch jede Übung ausprobieren. Gehen Sie danach vor, was Sie anspricht, was Ihnen am meisten zusagt. Das gilt auch für die zehn Schritte selbst: Sie bauen zwar locker aufeinander auf. Wer sich aber im Thema schon ein bisschen auskennt, kann gezielt einzelne Kapitel herausgreifen und je nach Interesse im Buch hin und her springen.

Noch ein Wort zur Entstehungsgeschichte dieses Zehn-Schritte-Programms: In den letzten Jahren haben wir im Rahmen zahlreicher von uns geschriebener Artikel über Work-Life-Balance mit Stressmedizinern, Gesundheitspsychologen, Psychotherapeuten, Burn-out-Experten und Betroffenen gesprochen. Einige der Fakten und Erkenntnisse aus diesen Interviews und Hintergrundgesprächen sind in dieses Buch eingeflossen, werden dadurch greifbar und erfahrbar. Gleichzeitig haben wir in eigenen Seminaren, Coachings und Trainingseinheiten immer wieder mit Einzelnen und Gruppen zum Thema Stress und Burn-out gearbeitet und die verschiedenen Übungen und Werkzeuge erprobt – und für gut befunden.

Was wir bei dieser Arbeit auch festgestellt haben: Meist sind es schon kleine Änderungen, die große Wirkungen zeigen. So wird das Gefühl von Erholung sofort größer, wenn man sich regelmäßig Zeit für Hobbys oder sonstige Leidenschaften nimmt, etwa Freunde trifft, die einem wirklich am Herzen liegen. Oft reichen da zwei, drei Stunden in der Woche.

Jetzt fragen Sie sich sicher: Woher sollen denn bloß noch diese Extrastunden kommen, so vollgestopft, wie die Woche ist? Auch das zeigen wir Ihnen in diesem Buch.

Und noch etwas zur Ermutigung: Auf dem Weg zu mehr Gelassenheit verändert sich nicht nur der Stresslevel. Letztlich werden Sie auch mutiger, selbstbestimmter, haben ein besseres Gefühl für Ihre Wünsche und Bedürfnisse und fühlen sich sogar sinnlicher und schöner. Sie glauben das nicht? Wie wäre es dann mit folgendem Zitat frei nach dem irischen Schriftsteller und Lebemann Oscar Wilde: »Nichts ist so sexy wie Gelassenheit.« Und das zu lernen, ist gar nicht so schwierig.

1 Stress lass nach!

Erster Schritt
So kommen Sie raus aus dem Stresskarussell

Jahrelang war Sabrina Trautmann* genauso resolut, wie sie aussieht. Wenn die fünfunddreißigjährige, ein Meter achtzig große und schlanke Frau im Meeting einen Vorschlag machte, hörte ihr jeder gern zu. Sie war an allen Projekten in der kleinen Werbefirma, in der sie als Texterin arbeitet, beteiligt – stets sehr engagiert. Oft war sie noch abends in der Firma und traf sich danach mit Freunden, ging mit ihnen auf Konzerte oder in eine Bar. Eine echte Powerfrau, meinten damals ihre Freunde und Bekannten. Sabrina hätte gesagt: »Ich habe eine Menge Energie, das stimmt. Ich habe lieber ein bisschen zu viel um die Ohren als zu wenig.« Auch wenn ihre Tage ganz schön voll und temporeich waren, hatte sie immer das Gefühl: Das ist genau richtig so! Das schaffe ich locker!

Dieses Bild von sich selbst als Mensch mit endlos viel Kraft hatte sie, bis ihre Tochter Mia zur Welt kam. Durch das Kind wurde aber vieles anders. In den ersten Monaten,

---

* Alle Namen, die in einem Fallbeispiel vorkommen, sind geändert.

als Sabrina mit dem Säugling zu Hause blieb, war noch alles neu, aufregend und schön. Durchwachte Nächte und chronische Augenringe waren irgendwie romantisch und gut auszuhalten. Dazu die Freude an dem Kind, die sie täglich mit ihrem Mann Tobi teilen konnte. Wie alle Eltern fanden auch die beiden, dass die kleine Mia wirklich das süßeste Baby auf der ganzen Welt sei, und sie konnten sich schieflachen über die seltsamen Gesichtsausdrücke und Geräusche, die so ein winziges Kind machen kann.

Klar, manchmal vermisste Sabrina ihren Job. Die Kollegen, die kreative Arbeit, die Anerkennung, die Abwechslung. Aber meistens konnte sie die Zeit im langsameren Babymodus sehr genießen, zudem sie wusste, dass in wenigen Monaten abermals alles anders werden würde: »Wenn die Kleine in die Krippe geht und ich wieder bei der Agentur einsteige, dann kommt doch eh das alte Tempo und der ganze Trubel zurück.«

Im Frühling, als Mia eineinhalb wurde, fing Sabrina mit dreißig Stunden pro Woche in ihrem alten Job als Texterin an. Beherzt, wie sie damals noch war, schaffte sie es, ihrem Chef diese für ihre Branche eher unübliche Arbeitszeit »aus dem Kreuz zu leiern«. »Das war ein Erfolg«, fand sie. Mit Begeisterung ging sie jeden Tag in die Werbeagentur. Die ersten Wochen waren auch toll. Mia mochte die Krippe und war gern dort. Die Kollegen freuten sich, dass Sabrina zurück war. Und Sabrina war glücklich über die Stunden, die sie wieder voller Einfälle und mittendrin sein konnte. Sicher, es war auch stressig, und manchmal war sie am Rande ihrer Kräfte. Aber der rasante Wechsel zwischen Kreativarbeit am Computer und frischer Luft am Klettergerüst auf dem Spielplatz gefiel ihr letztlich. Ich kann es, ich habe mein Leben im Griff, dachte Sabrina häufig und war darüber geradezu euphorisch. Sogar abends war sie fitter als in den Monaten zuvor. Häufig saß sie noch bis Mitternacht mit ihrem Mann Tobi zusammen und redete mit ihm über die Erlebnisse ihres Tages.

Hektik – der ultimative Kick

Den positiven Kick, den Sabrina in den ersten Wochen als Working-Mom erlebte, kennen wir alle auf die eine oder andere Weise. Denn erst einmal ist Stress nichts anderes als ein Energieschub, der unseren Körper und unseren Kopf aktiviert und uns ermöglicht, in Situationen, die von uns etwas abverlangen, blitzschnell zu reagieren und auf unsere komplette Kraft zurückzugreifen. Stress ist sozusagen unser Turbogang, der sich immer dann einschaltet, wenn's brenzlig wird.

Möglich machen das bestimmte Stresshormone, die unser Körper produziert, wenn wir vor einer fordernden Aufgabe stehen. Ein Cocktail aus Adrenalin und Cortisol sorgt dafür, dass der Zuckerwert im Blut steigt, ebenso unser Blutdruck. Unsere Muskeln spannen sich an und werden besonders gut mit Sauerstoff versorgt. Der Geist ist wach und zu hundert Prozent auf das Problem fokussiert, das wir anpacken möchten. Wenn die Stresshormone in unserem Blut wirbeln, fühlen wir uns voll konzentriert und motiviert.[5]

Das ist erst einmal ein gutes Gefühl. Vor allem, wenn wir spüren, dass wir mit unserer Energie der Situation auch gewachsen sind. So wie Sabrina nach ihrem Einstieg ins Arbeitsleben. In der Agentur entwirft sie neue Konzepte, diskutiert diese mit Kollegen und lässt sich ganz auf die Arbeit ein. Direkt danach schnappt sie sich ihre Tochter und stürzt sich ab 15 Uhr in ihre Rolle als Mutter, mit allem Drum und Dran.

Anfangs fällt es ihr auch nicht schwer, zwischen Agentur und Kita kurz einzukaufen oder auf dem Spielplatz mit den anderen Müttern zu plaudern und zugleich Mia im Blick zu behalten, wenn diese im Holzhaus herumklettert. Zwischendurch spielt sie mit der Kleinen noch Fangen. Der Stresskick trägt sie durch den Tag, und sie genießt das Leben in den zwei Welten.

Stress entfesselt in uns also zunächst einmal eine enorme Power. Häufig sind es deshalb gerade die Tage mit vollem Terminkalender, an denen wir auch noch schnell zwischendurch ein lästiges Telefonat erledigen und ein Projekt anschieben, das uns seit Längerem unter den Nägeln brennt. Wenn man schon in Fahrt ist, dann geht das, was sonst mühselig erscheint, manchmal fast wie von selbst.

Auftanken der Energiespeicher

Am Ende eines solch turbulenten und rasanten Tages sinkt man matt, aber zufrieden aufs Sofa. Man fühlt sich klasse und ist stolz, dass man so viel geschafft hat. In dieser Ruhepause sinkt der Blutdruck wieder, die Muskeln und unser

Geist entspannen sich. Alle Körperfunktionen fahren langsam auf Normalniveau herunter. Wie von selbst spüren wir dann, was unser Körper braucht, um die leer gelaufenen Energiespeicher erneut zu füllen, um Reserven zu haben. Wir bekommen Hunger, merken, dass wir Schlaf benötigen, möchten uns mit Sachen beschäftigen, die uns noch weiter entspannen. Ein gutes Buch lesen, quatschen und kuscheln mit dem Liebsten, spazieren gehen.

Nach einiger Zeit haben wir uns von der Anstrengung erholt und sind wieder voller Tatendrang, haben womöglich richtig Lust, schon bald die nächste herausfordernde Aufgabe anzupacken. Solange wir uns in diesem Rhythmus von Auf und Ab, von Anspannung und Entspannung befinden, ist alles im grünen Bereich. Dann können wir den Stresskick genießen und uns in den Ruhephasen von den Stunden im Turbogang erholen und Kraft tanken.[6]

Wenn der Stress sich selbstständig macht

Für Sabrina lief einige Monate alles perfekt. Sie empfand ihr Leben als rasant, als vielfältig, aber nicht als erschöpfend. Doch mit Beginn des Herbstes wurde es anders. Die aufregende Anfangszeit im Job war vorbei. Sabrina war wie früher stark in die Projekte der Agentur involviert. Und ihr Chef erwartete, dass sie alles gab, war sie doch die Einzige, die pünktlich Feierabend machte. Sie fand es immer schwieriger, den Wechsel zwischen den zwei Welten zu genießen. Schon am frühen Nachmittag fing sie an, auf die Uhr zu schauen und zu denken: Mist! Um drei Uhr muss ich los.

Nur noch eine knappe Stunde Zeit. Und wenn sie dann mit Mia auf dem Spielplatz war, schweiften ihre Gedanken immer öfter zurück in die Agentur und zu der Werbekampagne, an der sie gerade herumtüftelte.

Auch abends blieb dieses seltsam unruhige Gefühl in ihr. Während sie früher das Abendessen mit Mia und die Zeit, wenn ihre Tochter im Bett war, genossen hatte, fing sie jetzt an, die Küche aufzuräumen, während die Kleine noch in ihrem Stühlchen saß und ihr Brot aß. Sie war einfach zu ungeduldig, um still neben ihrer Tochter zu sitzen. Und wenn Mia dann gegen zwanzig Uhr schlief, war sie oft so müde, dass sie nur noch vor dem Fernseher abhängen wollte. In den Monaten zuvor hatte sie, wenn sie abends zu Hause war, Musik gehört, gelesen, mit Freundinnen telefoniert. Tobi kam meist erst spät vom Job nach Hause, und sie hatte die Abendstunden ohne Kind oder sonstige Verpflichtungen ausgekostet.

Doch dazu war sie nicht mehr in der Lage. Sie sagt über diese Zeit: »Ich hatte das Gefühl, all meine Energie am Tag zu verbrauchen. Das kannte ich gar nicht.« Dazu kam die Sorge, weder ihrer Arbeit noch Mia gerecht zu werden, sondern alles nur halb zu schaffen. Manchmal wachte Sabrina schon um fünf Uhr morgens auf und fing sofort an, den Tag in Gedanken zu organisieren. Das nervte sie, aber sie konnte es nicht abstellen.

Psychologen würden das, was Sabrina erlebte, als eine erste Reaktion auf zu viel Belastung einstufen. Typisch für eine Überdosis Stress ist eine große Müdigkeit, die sich in einem breitmacht, sobald man zur Ruhe kommt, und das Gefühl, dass sämtliche Energie verschwunden ist. Auch Einschlafprobleme oder häufiges Aufwachen in der Nacht,

Schmerzen aller Art und Gereiztheit können Anzeichen dafür sein, dass man sich zu viel zugemutet hat. Häufig kann man die diffusen Symptome nicht so richtig einordnen – und kommt gar nicht auf die Idee, dass sie die Folge einer zu großen Menge Stress sind. Vielmehr sagt man sich: »Da muss ich jetzt durch!« Und schon sitzt man im Stress fest.[7]

Zu viel Anspannung zehrt an unseren Nerven, an unserer Laune und an unserer Gesundheit. Denn wenn wir über längere Zeit unter Druck stehen, löst Stress keinen Kick mehr aus, der uns beflügelt und zufrieden macht, wenn wir eine Aufgabe bewältigt haben. Im Gegenteil: Zu viel Belastung führt dazu, dass der Stress zu einem Dauerzustand wird, den wir kaum noch loswerden – obwohl wir es uns wünschen. Ein Grund dafür liegt in der Stressreaktion selbst. In anstrengenden Situationen konzentrieren wir uns vollkommen auf das Problem, das wir bewältigen möchten. Wir schauen nicht mehr nach rechts und links, sondern nur noch auf unsere Herausforderung. Ein sogenannter Tunnelblick entwickelt sich. Und wenn wir ständig unter Druck stehen, wird dieser problemorientierte Tunnelblick zum Alltagsblick. Wir sehen überall nur noch das, was schwierig ist – und wollen dafür sofort eine Lösung finden. Mit diesem Aktionismus feuern wir unser Stresssystem aber immer nur weiter an.

Dass Stress die Tendenz hat, sich zu verselbstständigen, liegt vor allem an den schon erwähnten Stresshormonen. Sie tummeln sich noch in unserem Blut, wenn die akute Stresssituation längst vorbei ist, das aufregende Meeting vor Stunden beendet wurde oder man die Kita-Schließzeit gerade noch abgepasst hat, weil man sich wie verrückt beeilte. Eigentlich bräuchten wir nach solchen Anstrengungen eine Pause, in der wir wieder herunterkommen. So etwas wie eine halbe Stunde Auszeit auf dem Sofa, in der sich die Stresshormone abbauen, unsere Muskeln entspannen und wir vom Tunnelblick wieder auf normale Sicht umschalten können. Aber wer macht das im üblichen Alltagsgeschehen?

Kommt nach einer Situation, die uns in Stressstimmung versetzt hat, sofort der nächste Belastungsimpuls, häufen sich Adrenalin und Cortisol in unserem Blut an. Wir werden aufgeregter und aufgeregter. Und viele von uns gehen ja ganz selbstverständlich ohne Atempause von einer Aufgabe zur nächsten über. Der Job, der eine Menge von uns abverlangt, die Termine mit den Kindern oder den Eltern, um die man sich kümmert, Konflikte mit dem Partner oder der besten Freundin. Da passiert es leicht, dass das Stresskarussell so sehr an Fahrt aufnimmt, dass man kaum noch aussteigen kann.

Wenn der Stress zum Taktgeber wird

Bestimmt Stress unser Leben, merkt man das zumeist daran, dass man nicht mehr zur Ruhe kommt. Es häufen sich die Abende, an denen man sich erschöpft und zugleich wie aufgeputscht fühlt. Man schläft schlecht ein, weil Grübeleien einen daran hindern. Andere wachen – wie Sabrina – gegen vier oder fünf Uhr morgens auf und können nicht wieder einschlafen. Auch daran sind in gewisser Weise die Stresshormone schuld:

Adrenalin ist vor allem für die erste Alarmreaktion in unserem Körper verantwortlich und sorgt dafür, dass unser Herz schneller schlägt und sich unsere Muskeln anspannen – wir sind in Kenntnis unserer evolutionären Entwicklung nun bereit zu kämpfen oder zu fliehen, je nachdem, was uns nach kurzer Abwägung sinnvoller erscheint. Cortisol kommt dagegen vorwiegend bei länger anhaltendem Stress zum Zug. Dieses Stresshormon aktiviert das Gehirn und ist dafür zuständig, dass der Blutzuckerspiegel steigt. Wir werden dadurch aufmerksamer und konzentrierter und haben genug Brennstoffreserven in Form von Zucker im Blut, um selbst länger anhaltende Stresssituationen durchzustehen.[8] Ist allerdings der Cortisollevel im Blut sehr hoch, weil wir zu viel und zu lange Zeit Stress erfahren haben, können wir nur schwer Ruhe finden. Wir sind in Habachtstellung. Selbst wenn die Anstrengungen des Tages vorbei sind und unser Umfeld keine Anforderungen mehr stellt und man sich eigentlich entspannen oder schlafen könnte, bleiben wir in einem Stressmodus, der uns wie ein Aufziehmännchen agieren lässt, sodass wir ständig in innerer Bewegung sind.[9]

Sabrina erlebte es nicht anders. Sie schaffte es kaum noch, ihr gestresstes Grundgefühl abzulegen. Sie wurde immer unruhiger. Ihr Mann Tobi sagte, sie solle sich nicht so viel Druck machen und im Job vielleicht kürzertreten. Er meinte es nett, aber Sabrina half das wenig, sie erwiderte: »Ich bin zwar Mutter, aber ich will auch arbeiten. Und weniger als dreißig Stunden, das geht in einer Agentur wirklich nicht!« Sie wusste nicht, was sie an der Situation ändern konnte – und rettete sich in den Gedanken, dass es bestimmt irgendwann wieder besser werden würde, von ganz allein. So lange wollte sie einfach versuchen, die Tage so gut wie möglich durchzustehen. Sie ging dazu über, die Stunden im Büro noch konzentrierter zu nutzen, verzichtete auf die Kaffeepause und den Plausch mit den Kollegen. Sabrina hatte die Hoffnung, dass sie so wenigstens mit ihrer Arbeit zufrieden sein könnte. Aber entspannter wurde sie trotzdem nicht, und irgendwie machte ihr auch alles keinen Spaß mehr.

Wenn Stress die Lebensfreude sabotiert

Immer häufiger ging Sabrina sofort ins Bett, wenn ihre Tochter eingeschlafen war. Meist gegen neun. Ihr Mann Tobi, der eh oft erst spät nach Hause kam, weckte sie gelegentlich, dann blieben die beiden lange wach, um wenigstens noch etwas voneinander zu haben. Der Schlaf wurde knapp. Nicht zuletzt durch Mia, die nachts oft aufschreckte oder schon morgens um halb sechs spielen wollte. »Nach einem Jahr in diesem Turnus war ich kaputt«, gibt Sabrina heute zu. Sie wurde chronisch müde und fahrig, fühlte sich im Job und mit dem Kind überfordert, meinte, nicht mehr klar denken zu können und neben sich zu stehen. Das dauernde Klingeln des Handys machte sie nervös. Schließlich hatte sie eine diffuse Angst, überhaupt dranzugehen, hatte Furcht, nicht mehr angemessen reagieren zu können. Das übertrug sich auch auf Mia, die inzwischen zweieinhalb Jahre alt war: »Einmal habe ich meine Tochter heftig angebrüllt, nur weil sie ein

Glas Apfelschorle umgeschmissen hat. Ich hätte sie sogar fast geschlagen.« Danach heulten beide, die Kleine und Sabrina. Das Ereignis legte einen Schalter bei der Fünfunddreißigjährigen um. An diesem Tag fragte sie sich das erste Mal, was eigentlich passiert war. Klar, sie arbeitete und hatte ein Kind, aber das wuppten doch viele andere Frauen auch. Es musste an etwas liegen, das sie ganz persönlich betraf.

Am kommenden Wochenende sprach sie mit ihrer besten Freundin, einer berufstätigen Mutter mit älteren Kindern, über ihre blank liegenden Nerven und ihre Erschöpfung. Die Freundin fragte, wann sie eigentlich mal Pause mache. Sabrina dachte angestrengt nach. Irgendwann kam sie darauf und sagte: »Bei der Arbeit mache ich Pause vom Kind. Beim Kind mache ich Pause von der Arbeit.« Ihre Freundin lachte schallend, als sie das hörte. Sabrina wurde in diesem Moment bewusst: Sie hatte völlig ausgeblendet, dass auch die Zeiten mit Mia nicht immer ganz einfach sind und schon gar nicht total entspannt.

Sie hatte über dem Wunsch, alles unter einen Hut zu bringen, einfach vergessen, sich Pufferzeiten für sich selbst einzubauen, in denen sie neue Energie sammeln konnte. Sie hatte auf ihre großen Energiereserven vertraut, denn zuvor hatte sie nie die Erfahrung gemacht, am Ende ihrer Kräfte angelangt zu sein.

Nach dem Gespräch mit ihrer Freundin wurde Sabrina aber noch etwas anderes klar. Ihre alte Strategie, immer Vollgas zu geben und darauf zu vertrauen, dass die Pausen, die sich von allein einstellen, ausreichen, um sich zu erholen und Kraft zu tanken, ging nicht mehr auf. Vor Mias Geburt hatte es bestens damit geklappt. Da hatte sie manchmal tagelang fast ununterbrochen gearbeitet und sich erst am Wochenende richtig ausgeschlafen. Aber damals fand sie es ja auch erholsam, direkt nach dem Job auf ein Konzert zu gehen. Und beim Mittagessen mit den Kollegen konnte sie sich von einem hitzigen Budget-Meeting entspannen. Diese Auszeiten, die sich früher nahezu selbstverständlich in ihr Leben eingereiht hatten, waren komplett verschwunden. Nach dem Gespräch mit ihrer Freundin wurde Sabrina deutlich: Als Mutter mit Job brauchte sie Extrazeit für sich selbst – und die musste sie sich organisieren, sonst würde sie nicht stattfinden. Zu eng war ihr Leben zwischen Mia und Meetings getaktet.

Bei Sabrina war es der Wechsel von einer berufstätigen Frau zur berufstätigen Mutter, der zur Stressfalle wurde. Aber auch andere tief greifende Veränderungen können Entwicklungen hin zum Gestresstsein beschleunigen. Eine neue Aufgabe, ein Führungsposten oder ein erster fester Job können dazu führen, dass dies nicht nur beflügelt, sondern die Belastung so steigt, dass die alten Anti-Stresstechniken nicht mehr greifen. Eine Umstrukturierung in der Firma, ein Neuanfang in einer anderen Stadt oder eine verunglückte Liebesgeschichte können uns ähnlich extrem fordern und in die Stressfalle stolpern lassen. Fast jeder hat erfahren, wie es ist, wenn man die Grenze der Belastbarkeit erreicht hat. Und manchmal hat man sie sogar überschritten und steckt noch mittendrin in der Stressfalle.

Sobald wir spüren, dass dies der Fall ist, wird es notwendig, den eigenen Umgang mit Stress neu zu überdenken. Nur wenn wir uns aktiv mit dem Thema auseinandersetzen, können wir uns davor schützen, dass der

Stress irgendwann unser Leben bestimmt und uns die Energie raubt. Wir können neue Strategien entwickeln, die uns helfen, unser Leben zu meistern, ohne uns ständig zu überlasten.

Schon aus diesem Grund ist das sinnvoll: Lang anhaltender Stress ist nämlich extrem ungesund. Studien zeigen, dass Dauerstress verschiedene Erkrankungen begünstigt, sie vermutlich sogar auslöst. Zum Beispiel Bluthochdruck und damit die Gefahr, irgendwann einen Schlaganfall oder einen Herzinfarkt zu bekommen. Die ständige Anspannung in den Muskeln begünstigt Rückenprobleme und kann sogar zu einem Bandscheibenvorfall führen. Auch unsere Psyche leidet, wenn wir ständig gestresst sind. Konzentrationsprobleme, Verstimmungen bis hin zu einer Depression können entstehen. Burn-out als Vorstufe einer Depression wird verstärkt diskutiert, und nicht wenige Fachleute sind sich darüber einig, dass der hohe Stresspegel im Leben vieler Menschen eine entscheidende Rolle für das Entstehen einer psychischen Erschöpfung spielt.[10,11]

So halten Sie das Stresskarussell an

Sabrina hat es sehr geholfen, einen Satz zu verinnerlichen: »Auch Zeiten mit Kleinkindern sind Arbeitszeiten.« Er machte ihr bewusst, dass es völliger Unsinn ist zu denken, dass man sich im Job vom Kind und in den Stunden mit dem Kind von den Anstrengungen im Job erholt. Sie brauchte einfach Zeit für sich selbst. Und sie begriff, dass Ruhe nichts mit Luxus zu tun hat, sondern die Basis für die Kraft ist, die sie täglich benötigt, um ihr turbulentes Leben als Working-Mum zu stemmen.

Ihre Vorstellung, dass ihre Arbeitstage an Ruhe gewinnen würden, wenn sie einfach effizienter vorgehen und alle Pausen streichen würde, entlarvte sie mit etwas Abstand als typische Idee, die man entwickelt, wenn man einen Tunnelblick hat. Aus der Distanz konnte sie sehen, wie wenig Sinn es macht, sich im Job total zu verausgaben, wenn nach 15 Uhr zwar die Arbeit in der Agentur zu Ende ist, aber der nicht weniger fordernde Job als Mutter einer Zweieinhalbjährigen gerade erst beginnt.

Sabrina fing an, intensiv darüber nachzudenken, wie sie Freiräume in ihrem Leben einbauen konnte. Am besten gefiel ihr eine Mischung aus kleineren Pausen, die den Tag insgesamt entstressen, und größeren Freiräumen, in denen sie auch mal tiefer Luft holen kann. »Als ich verstand, was schieflief, konnte ich wieder sicherer handeln«, sagt die Fünfunddreißigjährige heute.

Als Erstes spricht sie mit ihrem Mann Tobi und erzählt ihm, was sie für sich herausgefunden hat. Tobi freut sich, dass Sabrina wieder ein wenig mehr ihre fröhliche und zupackende Ader entdeckt. Er möchte, das verspricht er, sie dabei unterstützen, den Alltag mit Kind anders zu organisieren. Sein Versprechen hat er gehalten. Mittlerweile holt er Mia zweimal in der Woche von der Kita ab. In dem Gespräch haben Sabrina und Tobi auch vereinbart, dass Mia eine Stunde länger in der Kita bleiben kann, da sie sich dort sehr wohlfühlt. 16 Uhr – das kann Tobi schaffen.

An den kinderfreien Nachmittagen geht Sabrina jetzt zum Schwimmen oder trinkt mit einer Freundin Kaffee.

Ansonsten legt sie zwischen Job und Kita neuerdings eine kurze Pause. Entweder spaziert sie ein wenig durch den Park, hört auf dem iPod zwei Lieblingslieder oder parkt vor der Kita, kurbelt den Fahrersitz nach hinten und döst zehn Minuten vor sich hin, bevor sie die Einrichtung betritt, um Mia abzuholen. So etwas, erklärt sie, wäre ihr früher nicht in den Sinn gekommen, da hätte sie angenommen, ein solches Nickerchen am Nachmittag sei etwas für ältere Damen. Jetzt merkt sie: Die kleinen Auszeiten haben große Wirkung.

Sabrina empfindet ihr Leben zwar immer noch als stressig. Aber durch den klaren Rhythmus von Arbeit und Auszeiten hat sich viel verändert: Sie hat wieder das Gefühl, selbst über ihren Tag zu bestimmen. Das macht sie zufrieden. Und wenn sie durch den Park schlendert oder mit geschlossenen Augen im Auto ruht, fühlt sie sich oft richtig glücklich. Ihr ist bewusst geworden, dass sie den Stress lenken muss, sonst wächst er ihr über den Kopf und hat sie im Griff. Und das tut sie jetzt auch.

Wo die Stressfallen zuschnappen – und wie Sie wieder aus ihnen herauskommen

Und nun zu Ihnen. Vielleicht hat sich eine Das-kenn-ich-doch-Reaktion eingestellt, als Sie Sabrinas Geschichte lasen, haben an der einen oder anderen Stelle genickt, sich ertappt oder sogar verstanden gefühlt. Und vielleicht sind Sie fast ein wenig ungeduldig, weil Sie sich fragen, was Sie denn an Ihrem Leben ändern sollten, um es zu entstressen.

Welchen Hebel Sie bedienen sollten, um das eigene Stresskarussell anzuhalten und auszusteigen.

Die gute Nachricht: Sie müssen nicht auf einen Schlag Ihr ganzes Leben auf den Kopf stellen! Schon wenn Sie ein oder zwei kleine Änderungen in Ihren Gewohnheiten vornehmen, reicht es vielfach aus, um den Teufelskreis zu durchbrechen. Ein bisschen ist es hier wie bei Diäten: Es ist nicht wirklich wirksam, alles auf einmal anders machen zu wollen. Letztlich kommt man besser zum Ziel, wenn man kleine Neuerungen konsequent über eine längere Zeit durchzieht.

Sie wissen nicht, wo Sie ansetzen sollen? Ganz einfach. Besonders effektiv ist es, wenn Sie an den Übergängen zwischen Stress und Entspannung ansetzen. In diesen Zeitkorridoren zwischen zwei Tätigkeiten oder zwischen Arbeit und Feierabend (auch zwischen Ende der Woche und Beginn des Wochenendes) gibt es die Chance, den Schalter von Anspannung auf Entspannung umzulegen. Doch häufig schaffen wir genau das nicht – und bleiben stattdessen in einer etwas angespannten Stimmung und nehmen sie mit in die nächste Aufgabe oder in den Feierabend. Jeder kennt die Situation: Nach dem Meeting werden übergangslos E-Mails bearbeitet, nach dem wichtigen Telefonat setzen wir uns sofort mit aller Konzentration an die intensive Aktenarbeit. Ist eine Sache fertig, packt man gleich eine weitere an. Das Abarbeiten von To-do-Listenpunkten ist für die meisten von uns völlig normal. Doch mit dieser Arbeitsweise sorgen wir dafür, dass sich der Stresspegel immer weiter hochschraubt.

Nutzen wir dagegen die Übergänge zwischen den verschiedenen Tätigkeiten als aktive Entspannungszeiten, wirken sie wie Scharniere. Die Übergänge zwischen den einzelnen Aufgaben sind geradezu ideal, um Luft zu holen und eine Minipause zu machen, die das Stresssystem wieder ein Stück reguliert. Wer so vorgeht, kommt insgesamt gelassener durch den Tag. Denn wer neue Herausforderungen mit freiem Kopf und in ausgeglichener Stimmung angeht, wird sie oft leichter erledigen, als wenn man schon latent genervt von der Aufgabe davor ist. Und wem es gelingt, gut abzuschalten, kann den Feierabend oder auch das Wochenende richtig genießen und Dinge tun, die Freude machen und Energie geben. Sie werden dann nicht weiter über Ihre Arbeit grübeln oder sich gestresst und unzufrieden durchs Wochenende schleppen. Wer es schafft, die Übergangszeiten als Entspannungspausen zu nutzen, hat die Möglichkeit, eine positive Spirale zu mehr Gelassenheit in Gang bringen.

Steigen Sie ein:
Fünf Übergangsstrategien für weniger
Stress im Alltag

Jetzt geht es mit der Praxis los. Wir zeigen Ihnen hier fünf Strategien, um die Übergangsphasen zwischen zwei Aufgaben oder auch zwischen Job und Feierabend so zu gestalten, dass sie Ihren gesamten Tag entstressen.

Für die Übergänge – wir haben sie »Einstieg in Entspannung« genannt – wurden fünf typische Situationen ausgewählt, die wohl jeder kennt. Suchen Sie sich zu Beginn das

Beispiel heraus, bei dem Sie Ihrer Meinung nach am unkompliziertesten etwas ändern können oder das Sie spontan am meisten anspricht.

EINSTIEG IN ENTSPANNUNG 1: *Gern würde ich pünktlich in den Feierabend gehen, aber gerade nachmittags klebe ich am Bürostuhl und komme einfach nicht weg. Am Ende wird's immer später als vorgesehen – und dann ärgere ich mich.*

ANTI-STRESS-STRATEGIE: Dass Sie im Büro wie ferngesteuert auf Ihrem Stuhl sitzen bleiben, liegt häufig nicht an Ihren vielen Aufgaben, sondern an den Stresshormonen, die sich tagsüber in Ihrem Körper angesammelt haben. Adrenalin und Cortisol treiben Sie immer mehr an und halten Ihren Blutdruck auf einem höheren Niveau als zu Anfang des Tages. Ihre Aufmerksamkeit ist angespannt, und Sie sind auf alles Problematische fixiert. Das führt dazu, dass Sie Ihren Blick auf das heften, was noch getan werden müsste, was noch unbedingt erledigt werden sollte. Klar, dass Ihr Wunsch, rechtzeitig das Büro zu verlassen, daneben verblasst.

Was das pünktliche Gehen leichter macht: Legen Sie schon früh fest, am besten am Morgen, wann Sie Ihre Arbeit beenden wollen. Da befinden Sie sich noch im Low-Stress und können Ihre persönlichen Prioritäten genau spüren. Tragen Sie die Uhrzeit in Ihren Terminkalender ein. Ganz wichtig: Eine halbe Stunde vor dem gewünschten Arbeitsschluss fangen Sie an, den Tag zu beenden, die letzte E-Mail zu schreiben, einige restliche Dinge zu ordnen etc. So schaffen Sie es, dem Klebeeffekt entgegenzuwirken – und können mit einem guten Gefühl rechtzeitig losgehen.

Wenn Sie eine Woche nach diesem Vorgehen durchhalten, wird das dringliche Gefühl, unbedingt weiter im Büro verharren zu müssen, schwächer werden. Versprochen.

EINSTIEG IN ENTSPANNUNG 2: *Wenn ich abends zu Hause bin, werde ich so müde, dass ich nur noch vor dem Fernseher oder dem Rechner hocke. Oft auch viel länger, als ich wollte. Ruhe finde ich nicht – und die Erholung fehlt mir dann am nächsten Tag, um mich im Job gut zu fühlen.*

ANTI-STRESS-STRATEGIE: Ein Übergangsritual kann Ihnen helfen, Ihre durch Stress verursachte Müdigkeit im Büro zu lassen. Ihr Kopf wird dann frei für Entspannung, was letztlich mehr Freude bereitet als ein müdes Abhängen.

So könnte ein Übergangsritual für Sie aussehen: Gehen Sie von Ihrem Arbeitsplatz zu Fuß nach Hause. Achten Sie darauf, dass Sie sich auf das Gehen konzentrieren, auf die Eindrücke, die Sie wahrnehmen – den hübschen Kinderwagen, das Fenster mit den vielen blühenden Blumen, die ungewöhnliche Hausfassade. Das hindert Sie daran, im Kopf weiter Jobprobleme zu wälzen. Auch ein kurzer Stopp in einem Café kann zum Übergangsritual werden, das Beobachten der anderen Menschen um Sie herum bei einem Espresso oder einer Johannisbeersaftschorle. Hilfreich ist, wenn Sie in dieser Zeit gezielt von »kopflastig« auf »sinnlich« schalten, also bewusst sehen, hören, schmecken, riechen. Sie kommen so in eine Art Ferienmodus.

Dieses Ritual eignet sich besonders gut für gestresste Mütter, die von der Arbeit zur Kita hetzen und mit dem kleinen Break zwischen den Welten wieder Energie tanken können.

Auch den Menschen, die viele Aktivitäten in einen Tag packen – zum Beispiel vom Job zum anspruchsvollen Ehrenamt oder ins eigene Atelier, weil man noch etwas Kreatives machen möchte –, bringt dieses kurze Übergangsritual viel.

EINSTIEG IN ENTSPANNUNG 3: *Im Lauf des Arbeitstags schaffe ich es nicht, mir kurze Pausen zu gönnen; es ist alles zu hektisch.*

ANTI-STRESS-STRATEGIE: Wir alle kennen den Ratschlag, Pausen in Form von Entspannungsübungen in den Joballtag einzubauen. Aber es fällt uns oft ziemlich schwer, das zu realisieren. Während wir zwar fast krampfhaft versuchen, nichts zu tun, arbeiten wir trotzdem weiter, fangen an, das E-Mail-Postfach zu checken oder beschäftigen uns gedanklich mit dem Problem, mit dem wir gerade konfrontiert sind. Dazu kommt, dass wir im Büro vielfach unter Beobachtung stehen, mit anderen einen Raum teilen oder die Türen offen bleiben sollen und es da nicht angesagt erscheint, irgendwelche Entspannungsübungen zu praktizieren. In solchen Fällen helfen jedoch verschiedene Strategien, trotzdem ein paar kleine Pausen hinzubekommen.

Kochen Sie sich zum Beispiel einen Tee, blicken Sie dabei aus dem Fenster und konzentrieren Sie sich möglichst auf die eigenen Sinne. Oder: Öffnen Sie kurz das Fenster und atmen Sie ein paarmal ruhig ein und aus (wer zählen mag, macht vier tiefe Atemzüge). Danach schließen Sie das Fenster wieder. Eine solche Pause dauert weniger als eine Minute und erfrischt augenblicklich. Auch haben Sie sich dadurch für die nächsten Aufgaben gesammelt, ohne es sich bewusst vorgenommen zu haben.

Wenn Sie ein Büro für sich haben oder zu Hause arbeiten, wirkt eine einfache Bewegungsübung aus den Sportwissenschaften Wunder: Halten Sie die linke Hand mit der Handfläche nach unten über den Kopf und legen Sie die rechte locker auf Ihren Bauch, in Höhe des Bauchnabels. Klopfen Sie nun mit der linken Hand locker auf Ihren Kopf, und malen Sie mit der rechten Kreise rund um Ihren Bauchnabel. Versuchen Sie, die Übung eine Minute durchzuhalten. Der Trick bei der Sache: Mit dieser Übung werden Sie sofort von allen Arbeitsfragen abgelenkt, weil Sie sich völlig auf die Koordination der Hände konzentrieren. Das entspannt augenblicklich.

EINSTIEG IN ENTSPANNUNG 4: *Ich kann mich am Wochenende nicht richtig entspannen.*

ANTI-STRESS-STRATEGIE: Oft sind wir freitagabends noch auf Adrenalin und gut drauf, fallen dann aber am Samstag, nach dem Aufwachen, in ein kleines Tief. Wir fühlen uns niedergeschlagen und müde. Akzeptieren Sie diesen Stresskater, und versuchen Sie nicht, ihn mit neuen Terminen und Aufgaben zu vertreiben. Lassen Sie los. Am besten mit einem Ritual: Gehen Sie nach draußen, joggen Sie, kaufen Sie auf einem Markt ein, inspizieren Sie die kleineren Straßen in Ihrem Viertel. Eine halbe Stunde reicht meist aus, um im Wochenende anzukommen.

Bewegung eignet sich hervorragend, um Stresshormone abzubauen. Eine perfekte Hilfe, damit Ihr Körper und auch der Kopf in den Ruhemodus umschalten. Nach diesem Ritual können Sie sich besser treiben lassen, Sie spüren sich selbst intensiver und damit auch, was Ihnen am Wochenende wirklich wichtig ist – und Sie quälen sich auch nicht mehr lange damit herum, lästige Termine für den Samstag oder Sonntag abzusagen. Ebenfalls ideal: Am Freitagabend die noch vorhandene Energie für Sport oder Tanzvergnügen nutzen. Auf diese Weise reduziert Ihr Körper schon zum Abschluss der Arbeitswoche den durch Stress bedingten Hormonüberschuss – und Sie können entspannt ins Wochenende starten.

EINSTIEG IN ENTSPANNUNG 5: *Habe ich nach einer mehrwöchigen Stressphase einen Tag frei oder mache mal ein paar Tage früher Schluss im Büro, gelingt es mir nicht, Ruhe zu finden.*

ANTI-STRESS-STRATEGIE: Für Projektarbeiter und Freiberufler ist es Alltag, aber auch alle anderen haben bestimmt schon erfahren, dass der Übergang von turbulenten, energiegeladenen Phasen in ein eher gemächliches Arbeitstempo oder in eine kurze Leerlaufzeit nicht ganz ohne ist. Eigentlich könnten wir in dieser freien Zeit lauter schöne Dinge tun, ein Buch lesen, einen Kurztrip machen oder ziellos durch die Natur streifen und die jeweilige Jahreszeit genießen. Aber wir sind oft nur leer, halten uns an Routineaufgaben fest, erledigen »endlich mal« die Steuer oder bemühen uns um Arzttermine, nur um nicht in den kleinen Blues nach einer Stressphase zu fallen. In gewisser Weise leiden wir tatsächlich an einem Stresskater, an den körperlichen Nachwirkungen der vorigen Belastung.

Was hier hilft, ist ein stufenweises Herunterkommen. Auf der ersten Stufe könnte ein Belohnungsritual für die vollbrachte Leistung stehen, zum Beispiel ein Einkaufsbummel. Stufe zwei wäre dann ein Sport- oder Saunatag, der die letzten Stresshormone abbaut. Stufe drei: ein Ausflug mit der besten Freundin, um den sozialen Akku wieder aufzuladen. Danach sind Sie innerlich frei und können die ruhigere Zeit auch wirklich genießen. Basteln Sie sich Ihr eigenes Hilfstreppchen – und halten Sie sich strikt daran.

So. Das waren die wichtigsten Übergangsrituale für mehr Entspannung im Alltag. Haben Sie sich eine Situation herausgesucht, die Sie besonders anspricht? Wenn ja, dann lesen Sie sich die dazugehörige Anti-Stress-Strategie noch einmal durch. Setzen Sie bei ihr an, und machen Sie die Erfahrung, wie Sie Ihren Energiefluss und Stresspegel aktiv steuern können.

Es wird vielleicht etwas dauern, bis Sie sich diese Übergangsrituale zur Gewohnheit gemacht haben, schließlich sind sie noch nicht fest in Ihrem Leben verankert. Geben Sie sich diese Zeit. Trainieren Sie die Übung Ihrer Wahl vielleicht eine Woche lang jeden Tag ein oder, wenn es das Wochenende betrifft, vier Wochen hintereinander. Erst dann erscheint Ihnen der neue Umgang mit den Übergängen vertrauter, und vermutlich gestalten Sie die Phasen zwischen Ihren verschiedenen Tätigkeiten jetzt ganz von selbst stressfreier. Der amerikanische Philosoph und Politiker Horace Mann hat einmal gesagt: »Gewohnheiten sind wie ein Seil. Wir weben jeden Tag einen Faden, und schließlich können wir es nicht mehr zerreißen.« Recht hat er. Mit ein wenig Durchhaltevermögen können auch Sie Ihr Seil, gewoben aus Gewohnheiten, die Sie entstressen, Tag für Tag ein Stück fester und tragfähiger machen.

Sie haben nun eine Menge über Stress und den Ausstieg aus dem Stresskarussell erfahren. Finden Sie heraus, wo Ihre Stressfallen auf Sie lauern und wie sie aussehen, und setzen Sie genau an diesen Punkten an. Sie müssen nicht mehr als zehn bis dreißig Minuten pro Tag für die neuen Rituale investieren – und bekommen dafür fast vierundzwanzig Stunden mehr Lebensqualität.

Vielleicht ertappen Sie sich jetzt bei dem Gedanken: So einfach kann das doch nicht sein mit der Gelassenheit. Bewerten Sie diese innere Stimme im Moment als eine völlig normale Abwehr vor einer persönlichen Veränderung. Unser stressiges Leben ist so verfahren, dass wir automatisch denken, es müsste ziemlich schwer sein, daran zu rütteln. Doch es stimmt: Die ersten Schritte zu mehr Entspannung sind tatsächlich so einfach. Probieren Sie es ein paar Wochen aus, dann werden Sie uns zustimmen.

Kennen Sie Ihr Stressfrühwarnsystem?

Erinnern Sie sich an Sabrina? Die fünfunddreißigjährige Werbetexterin? Sie fing erst an, ihr Leben zu verändern, als sie tief in der Stressspirale festsaß. Sie konnte kaum noch abschalten, schlief schlecht, fühlte sich energielos und hatte plötzlich Wutausbrüche, die sie von sich gar nicht kannte. Erst im Gespräch mit einer Freundin wurde ihr bewusst, dass sie ihre Belastungsgrenze schon lange Zeit überschritten hatte. Dass die Kombination aus ihrem anspruchsvollen Alltag als engagierte Mutter und ehrgeizige Texterin in Teilzeit ihr Leben in reinen Stress verwandelt hatte.

Rückblickend konnte sie sehen, dass Körper und Kopf schon länger Warnsignale gesendet hatten. Die Kraftlosigkeit und die ewige Müdigkeit zum Beispiel. Oder auch der Mangel an Freude in ihrem Leben und dass sie vor lauter Erschöpfung kaum noch Energie aufbringen konnte, um ihre Freunde zu treffen. Sabrina hatte die Anzeichen nicht ernst genommen und damit den Zeitpunkt verpasst, frühzeitig das Tempo und den Stresspegel zu drosseln.

Wer sich selbst gut kennt und die Hinweise von zu viel Stress bemerkt, kann seinen Stresslevel und die typische Reaktion darauf besser verstehen und einordnen. Mit einiger Übung kann man sich so sein ganz persönliches Stressfrühwarnsystem basteln, das einem zuverlässig mitteilt, wenn der Druck wieder mal zu groß wird oder zu lange anhält und man Gefahr läuft, sich im Gewirr des Alltags zu verlieren.

Die folgende Übung bringt Sie Ihrem persönlichen Stressfrühwarnsystem auf die Spur. Eine Checkliste weist Ihnen den Weg. Doch zuvor noch eine Erklärung: Wenn wir zu sehr im Stress sind, gibt unser Körper verschiedene Signale ab. Ziemlich oft überhören wir diese allerdings und spüren die Folgen erst, wenn wir uns abends verdammt kaputt fühlen. Dann merken wir, dass wir uns tagsüber wohl ziemlich verausgabt haben. Schade eigentlich. Sinnvoller fürs eigene Wohlgefühl wäre es, würde man schon während des Tages registrieren, dass die Stresshormone einen immer weiter pushen, um so ihre Drehzahl bewusst wieder etwas herunterzufahren und eine Verschnaufpause einzubauen.

Aber wie kann man die ersten Anzeichen von zu viel Adrenalin und Cortisol im Blut erkennen? Sie haben in diesem Kapitel ja gelesen, dass unter großem Stress der Blutdruck steigt, der Blick sich verengt etc. Mit etwas Aufmerksamkeit kann man diese Veränderungen bemerken – und frühzeitig mit einem Entspannungsimpuls gegensteuern. Dazu eignen sich beispielsweise die schon erwähnten tiefen Atemzüge am offenen Fenster oder die Konzentrationsübung, die wir unter »Einstieg in Entspannung 3« vorgestellt haben.

Doch nun zur Checkliste: Wir haben hier einige typische Empfindungen und Verhaltensweisen aufgelistet, die auftreten, wenn der Körper höher dreht, als ihm guttut. Lesen Sie sich die einzelnen Punkte in Ruhe durch. Welche Anzeichen kennen Sie aus eigener Erfahrung? Was erleben Sie öfter selbst?

- Manchmal kippt plötzlich meine Laune, ohne dass es einen konkreten Grund gibt.
- Eigentlich will ich gerade nach Hause gehen – und genau dann fallen mir noch mindestens fünf kleine Sachen ein, die mir äußerst dringlich erscheinen.
- Manchmal trinke ich den ganzen Vormittag nichts (außer vielleicht einen Kaffee). Mittags merke ich dann, dass ich richtig Durst habe.
- Erst wenn ich vom Bürostuhl aufstehe, stelle ich fest, dass mein Nacken total verspannt ist.
- Später am Nachmittag habe ich häufig leichte Kopfschmerzen.

- Wenn mein Handy klingelt, empfinde ich ein minimales Herzklopfen, eine leichte, negative Aufregung.
- Manchmal spüre ich plötzlich leichte Bauchschmerzen, wenn ich mich zu lange in eine Sache verbeiße.
- Phasenweise bin ich sehr langsam, kann mich kaum konzentrieren und frage mich, warum ich eigentlich nur im Schneckentempo vorankomme.
- Das Telefon klingelt. Eigentlich passt es gerade nicht, denn ich stecke mitten in einer Arbeit. Es wäre besser, wenn der Anrufer auf den AB spricht, damit ich später zurückrufen kann. Aber ich bin so unruhig, dass ich nahezu wie ferngesteuert abnehme.
- Manchmal warte ich so lange mit dem Mittagessen, dass es sich irgendwann gar nicht mehr zu lohnen scheint, noch etwas zu mir zu nehmen; irgendwann fühle ich mich richtig flau.
- Abends tigere ich durch die Wohnung und merke, dass ich die freie Zeit gar nicht genießen kann, weil es mir nicht möglich ist, endlich abzuschalten.
- Ich wache öfter mitten in der Nacht auf und kann nur schlecht wieder einschlafen.

Einige dieser Symptome sind Ihnen nicht fremd? Dann begreifen Sie genau diese Anzeichen als Ihre persönlichen Warnsignale, die Sie in Zukunft für sich nutzen können, um frühzeitig gegenzusteuern. Wenn Ihre Laune zum Beispiel unter Stress kippt oder Sie Kopfschmerzen bekommen, machen Sie beim nächsten Miese-Laune-Anfall oder beim nächsten Anflug von Schläfendrücken bewusst eine Pause. Gehen Sie kurz nach draußen, schnappen Sie frische Luft, atmen Sie mehrmals tief in den Bauch ein, oder absolvieren Sie eine andere Entspannungsübung. Das muss nichts Kompliziertes sein. Vielleicht kennen Sie einige Übungen aus der Cool-down-Phase von Sportkursen, etwa sich zu räkeln und dabei hemmungslos zu gähnen, den Kopf locker zu kreisen oder den Rumpf nach vorne zu beugen und den Kopf entspannt baumeln zu lassen. Sie können auch ein paar Kniebeugen machen oder sich ruhig hinsetzen und bewusst an etwas Schönes denken (statt sich über die schlechte Laune oder die Kopfschmerzen zu ärgern). In Kapitel 7 finden Sie auch einige weitere Beispiele für Fünf- bis Zehn-Minuten-Pausen (siehe S. 158 ff.).

Wenn Sie merken, dass Sie unter Stress grundlegende körperliche Bedürfnisse über Stunden ignorieren, wenn Sie etwa feststellen, dass Sie nicht ausreichend trinken, stellen Sie sich eine Flasche Wasser auf den Schreibtisch. Das wirkt wie eine sanfte Erinnerung, wie eine Aufforderung zum Trinken – und damit wie ein kurzes Abschalten.

Und wenn Sie sich am Ende des Arbeitstags in Detailaufgaben verheddern, stoppen Sie Ihren Aktionismus, indem Sie sich notieren, welche Angelegenheiten Sie auch am nächsten Tag erledigen können. So dringlich kann es meist nicht sein, dass diese nicht über Nacht ruhen können. Neigen Sie zu Verspannungen, gewöhnen Sie sich an, stündlich aufzustehen und die Schultern zu lockern. Wenn Sie zu wenig essen, stellen Sie sich den Wecker auf ein Uhr. Ein Joghurt, eine Banane oder ein kleines Sandwich schaffen Sie auch in wenig Zeit. Und es könnte sogar sein, dass Sie sich durch die Snack-Pause so weit entspannen, dass Sie sich doch noch vom Schreibtisch losreißen können und eine richtige Mittagspause machen.

VERFEINERN SIE IHR STRESSFRÜHWARNSYSTEM: Jeder Mensch reagiert anders auf permanenten Stress. Bei dem einen kippt unter Daueranspannung als Erstes die gute Laune. Ein anderer wird ungemein nervös, wenn er den Überblick verliert und sich in Detailaufgaben verrennt. Deshalb lohnt es sich, ein wenig Selbsterkundung zu betreiben und herauszufinden, was zu viel Stress bei Ihnen auslöst.

Denken Sie an eine belastende Situation, vielleicht an die, die Sie zuletzt erlebt haben. Welche Reaktionen waren typisch für Sie? Sind Sie jemand, der unter Stress dazu tendiert, immer schneller arbeiten zu wollen? Oder sind Sie das Gegenteil davon? Sind Sie jemand, der unter Druck langsam wird? Vielleicht greifen Sie aber auch unter Stress mit schöner Regelmäßigkeit zu Süßigkeiten. Egal: Gehen Sie auf Erkundungstour und notieren Sie Ihre Entdeckungen auf einem Blatt Papier unter dem Titel: »Mein persönliches Frühwarnsystem«. Halten Sie fest:

Unter Stress mache ich/reagiere ich: ...

_____

_____

_____

Die Liste können Sie beliebig erweitern, wenn Sie sich in den nächsten Tagen wie ein Versuchsobjekt selbst beobachten und sammeln, woran man bei Ihnen merken kann, dass Sie gerade im Stress sind. All diese Hinweise können dazu dienen, sich zu überlegen, wie Sie aktiv gegen Ihr Verhalten angehen können.

ERWEITERN SIE IHRE ENTSPANNUNGSKOMPETENZ:
Wer gegensteuert, hat eine Wahl. Statt weiter im Stress-karussell mitzufahren, entscheidet man sich für eine Pause und damit für einen Ausstieg: Man gibt nicht noch mehr Gas, sondern drosselt absichtlich das Tempo. Das Nerven-system erfährt Ruhe, und dadurch kann verhindert wer-den, dass der Stresspegel weiter zunimmt. Häufig kennen wir eine ganze Reihe von Entspannungstricks, nur setzen wir sie oft nicht ein. Wir müssen uns also ein wenig selbst überlisten und uns nachdrücklich daran erinnern, wie zu agieren ist, wenn der Druck zu groß wird.

Fragen Sie sich: Welche Art von Entspannung ist Ihrer Erfahrung nach nützlich? Was bringt Sie in eine gelassene Stimmung? Was sind für Sie stressabbauende Pausen im Alltag? Was hat sich bereits bei Ihnen bewährt? Der eine kann gut in der Mittagspause beim Essen und Reden mit den Kollegen abschalten, ein anderer benötigt eine Ruhe-zone ganz ohne Mitmenschen. Testen Sie in den nächsten Tagen einige Tricks aus, die Ihnen eingefallen sind oder die Sie sich bei Mitarbeitern abgeschaut haben. Notieren Sie die Inspirationen, die Sie für sinnvoll erachten:

Das hilft mir, um mich zu entspannen: ...

_____

_____

_____

Auf diese Weise werde ich in den nächsten Wochen aktiv ge-gensteuern, wenn der Stresspegel mal wieder zu hoch ist: ...

_____

_____

_____

2 Hier geht's lang zur Erholung

Zweiter Schritt
Entdecken Sie Ihre Quellen für Lebensfreude und Energie

Häufig denken wir: Hätte ich nicht so viel um die Ohren, könnte ich viel mehr schöne, interessante und spannende Sachen machen. Wir sind fest davon überzeugt, dass uns der Stress vom Spaß abhält. Und folgerichtig sollten wir als Erstes auf ihn achten, wenn wir wieder mehr Zeit für uns, für Freizeitprojekte, für Treffen mit Freundinnen haben möchten.

Also entwickeln nicht wenige von uns täglich neue Ideen, wie sie ihre Verpflichtungen und ihre Belastungen verringern oder in Schach halten könnten, um freie Zeit zu gewinnen. Was viele dabei gar nicht bemerken: Gerade wenn wir versuchen, das Problem zu lösen, indem wir am Stress selbst ansetzen, rücken wir ihn oft unfreiwillig nur noch mehr in den Mittelpunkt unseres Lebens. Zum Beispiel weil wir viel Zeit damit verbringen, darüber nachzugrübeln, wie wir uns diese oder jene Belastung vom Halse schaffen könnten. Und ungefähr genauso viel Zeit darin investieren zu begründen, warum wir an der Situation eigentlich doch nichts ändern können. Oder weil sich fast alle Gespräche mit Freundinnen auch darum drehen, dass wir so viel um die Ohren haben – und wer alles mit Schuld hat an unseren eng getakteten Tagen. Wirklich weiter bringt uns dieses Verhalten meist nicht.

Der einfachere Weg zu mehr Entspannung führt dagegen am Stress vorbei: Wir lassen ihn links liegen und richten unseren Blick auf die Frage, was wir gern tun, welche Lieblingsbeschäftigung unser Herz höher schlagen lässt, bei welchen Tätigkeiten wir uns entspannen und richtig gut herunterkommen. Haben Sie das für sich geklärt, schaffen Sie für diese Dinge einfach Raum – ganz gleich, wie voll Ihr Terminkalender aussehen mag.

Vielleicht sagen Sie jetzt: Was ist das denn für eine seltsame Idee? Wenn das so leicht wäre, würde ich das ja wohl tun – und alle anderen auch! Und vielleicht können Sie sich tatsächlich nicht vorstellen, wo in Ihrem Alltag noch Platz für einen Extratermin sein soll, selbst wenn es ein Termin ist, der Ihnen Spaß bringen würde.

Diese Einstellung hält uns aber in der Stressfalle fest, da sind sich die Experten für psychische Gesundheit mittlerweile einig. »Die spielerischen Elemente im Leben dienen dazu, sich selbst wieder zu fühlen und wahrzunehmen«, erklärt die Pädagogin Helen Heinemann, die seit Jahren Burn-out-Präventionskurse für stressgeplagte Frauen und Männer leitet.[12] In ihren Seminaren beobachtet sie, dass es der Kontakt zu sich selbst ist, der den Menschen fehlt, die unter Stress leiden.

»Sie sind in ihrer Wahrnehmung bei den Projekten, die sie zu machen haben, bei den Mitarbeitern, bei der Familie«, sagt Heinemann, »aber sie nehmen nicht mehr sich selbst wahr.«[13] Ähnliches stellt der Mediziner und Stress-experte Manfred Nelting bei seinen Patienten fest, die aufgrund eines Burn-outs in die Bonner Gezeiten Haus Klinik für Psychosomatische Medizin kommen, wo Nelting Klinikleiter ist.

Wer im Alltag vor allem funktioniert, entfernt sich ständig weiter von sich selbst und damit von seinen Kraftquellen – und erledigt genau deshalb immer willenloser alle Anforderungen, die von außen an ihn gestellt werden. Eine Negativspirale kann so in Gang gesetzt werden. Vielen Frauen, die tendenziell stark darauf achten, dass es Kindern, Partnern, Chefs und sonstigen Menschen um sie herum gut geht, passiert es deshalb leicht, dass sie die Bedürfnisse der anderen vor die eigenen stellen. Ein guter Draht zu sich selbst ist daher die effektivste Stressprävention. Helen Heinemann: »Ich muss an mir selbst dran sein und mich selbst gut fühlen, um an meine Energiequellen herankommen zu können. Wenn ich außerhalb von mir bin, kann ich auch nicht an meine inneren Energiequellen gelangen.« Und Manfred Nelting ergänzt: »Wir können uns unsere innere Freiheit wieder holen, dafür müssen wir aber einmal täglich in unserer Mitte vorbeikommen.«

Man kann also sagen: Der gute Kontakt zu sich selbst ist unverzichtbar, um auf Dauer mit den Anstrengungen des Alltags zurechtzukommen, um zu spüren, wann es nötig ist, einen Gang herunterzuschalten, sich zu erholen und neue Kraft zu schöpfen. Und unsere persönlichen Leidenschaften sind da ein guter Wegweiser, um unsere Mitte zu finden.

Positive Gefühle machen uns stark für Stress

Die positiven Gefühle, die wir erleben, wenn wir unseren Lieblingsbeschäftigungen nachgehen, sind echte Stresskiller. Die amerikanische Psychologin Barbara L. Fredrickson, die an der North Carolina University lehrt und forscht, hat in vielen Studien nachgewiesen, dass sich unter dem Einfluss von positiven Gefühlen unser Herz-Kreislauf-System sehr schnell beruhigt, wenn es durch Stress in Aufregung versetzt wurde.[14]

Und sie wirken auch noch viel tief greifender! Wenn wir Freude oder Freundschaft spüren, dann weitet sich unser Blick auf die Welt, sagt Fredrickson. In einer entspannten Stimmung haben wir automatisch Lust, etwas zu entdecken, etwas auszuprobieren. Und genau auf diese Weise erfahren wir fast nebenbei kreative Möglichkeiten, um Aufgaben zu lösen, wir entwickeln neue Ideen, lernen Leute kennen.[15] Man kann sich das plastisch vorstellen, wenn man an seine eigenen Lieblingsbeschäftigungen denkt. Zum Beispiel die Abende im Ballsport-Team. Eigentlich ist es ein Fun-Termin. Doch genau in diesem Rahmen tüftelt man an Spieltechniken herum, erfährt man etwas über die eigene Position im Team, über die persönlichen mentalen und körperlichen Stärken. Natürlich knüpft man in solchen Gruppen nicht selten Freundschaften fürs Leben.

Lieblingsbeschäftigungen weiten den Blick auf die Welt

Ähnliche Erlebnisse haben wir bei allen Tätigkeiten, die wir gern und mit Leidenschaft ausüben. Wir erleben uns selbst sehr intensiv und blicken zugleich mit neugierigen, offenen Augen in die Welt. Die amerikanische Psychologin konnte zeigen, dass Menschen, die häufig Freude und Spaß haben, sich regelrecht ein Schutzschild für stressige Zeiten zulegen.[16] Denn alle Kontakte, die sie aus einer positiven Stimmung heraus knüpfen, alle Erkenntnisse, die sie unter glücklichen Bedingungen machen, dienen ihnen in schwierigen Zeiten als Stütze. »Positive Emotionen helfen Menschen, dauerhafte Ressourcen aufzubauen«, erklärt Fredrickson.[17]

Sie betont, dass wir diese stärkenden Erfahrungen aber nur machen können, wenn wir uns in einer positiven Stimmung befinden. Denn wenn wir gerade gestresst sind oder uns ärgern, sind wir nur auf eine Frage fokussiert: Wie bedrohlich ist das Problem, und wie schaffe ich es mir möglichst schnell vom Hals?

Ein Satz, der blockiert: »Erst die Arbeit, dann das Vergnügen«

Jetzt kann man sich natürlich fragen, warum es so unüblich ist, sich mit Spaß zu stärken. Meist denken wir, dass wir Freude nur erleben dürfen, wenn die Arbeit getan ist und uns eine Belohnung zusteht – und nicht einfach so zwischendurch. Diese Überzeugungen haben ihren Ursprung in unserer Leistungsgesellschaft und sind damit fast so etwas wie ein Kulturgut.

Den Satz: »Erst die Arbeit, dann das Vergnügen« haben wir so sehr verinnerlicht, dass wir Verpflichtungen aller Art fast immer vor persönliche Spaßtermine setzen. Das Marktforschungsinstitut rheingold fand 2012 in einer repräsentativen Umfrage heraus: »81 Prozent der Menschen in Deutschland fällt es leichter zu genießen, wenn sie vorher etwas geleistet haben.«[18]

Und wir sind fest davon überzeugt, dass diese Zeit für Genuss und Spaß auch kommen wird, eben dann, wenn die Arbeit getan ist. Aber wenn Sie sich ehrlich fragen, ob es in den letzten Monaten wirklich Tage oder auch nur Stunden gab, in denen Sie das Gefühl hatten, dass nun alle wichtige Arbeit tatsächlich erledigt ist und Sie sich mit gutem Gewissen den angenehmen Seiten des Lebens widmen können, dann fällt Ihnen vermutlich auf, dass dies nie der Fall war. Und wohl auch nie der Fall sein wird. Und genau deshalb müssen wir umdenken.

Doch vielen fällt dieses Umdenken extrem schwer. Frauen haben sich in den letzten Jahrzehnten besonders angestrengt, um im Beruf voranzukommen, um Karriere zu machen – eine Folge von Emanzipationsbestrebungen. Da wurde einiges erreicht. Doch zugleich ist der Anspruch nicht gesunken, was die Rolle als Frau und Mutter betrifft. Frauen wollen heute nicht nur erfolgreich im Beruf sein, sondern auch möglichst hübsch und attraktiv, eine liebevolle und fürsorgliche Mutter, eine patente Managerin des Familienhaushalts, eine zugewandte Tochter und Schwiegertochter, die im Ernstfall Pflegeaufgaben für die alternden Eltern übernimmt etc. Der Psychologe Stephan Grünewald bringt die Sache auf den Punkt, wenn er sagt: »Die heutige Frau müsste eigentlich Superwoman heißen, wollte sie all die widersprüchlichen Anforderungen erfüllen, die an sie gestellt werden und die sie auch an sich selbst stellt.«[19] Auf jeden Fall ist es so, dass aus den vielen Rollen, die wir uns zum Teil selbst wählen, zum Teil zähneknirschend übernehmen, ein riesiger Strauß von Aufgaben entsteht, für den wir uns verantwortlich fühlen.

Gewiss, auch der moderne Mann hat viel auf seinem Zettel stehen. Aber neueste Studien beweisen noch immer, dass Frauen sich hauptsächlich für die Kindererziehung und den Haushalt zuständig fühlen – ganz gleich, wie viele Stunden sie berufstätig sind.[20]

Objektiv gesehen ist es so, dass es für die meisten Frauen kein Ende der Arbeit gibt. Dass die To-do-Liste irgendwann abgearbeitet ist und für eine Weile ein weißes Blatt bleibt, ist eine Illusion. Selbst wenn wir es schaffen, die wichtigsten Aufgaben des Tages bis zum Abendessen zu erledigen – es werden noch genügend bleiben, die schon ungeduldig darauf warten, in Angriff genommen zu werden. Und seien es nur die penetranten Staubflusen auf dem Wohnzimmerfußboden.

Wer den Ehrgeiz hat, erst alle anstehenden Arbeiten abzuhaken, bevor er sich dem Privatvergnügen zuwendet, wird merken, dass Entspannung und Freude zu kurz kommen oder sogar überhaupt nicht mehr stattfinden. Deshalb: Verabschieden Sie sich von dem alten Leitsatz, der dazu auffordert, erst alles abzuarbeiten, bevor Sie sich Muße gönnen. Lernen Sie stattdessen, der To-do-Liste die kalte Schulter zu zeigen, wenn ein Yoga-Kurs anliegt oder die Geburtstagsfeier der Nachbarin. Gehen Sie einfach los.

Leidenschaft macht glücklich

Zeiten, in denen wir uns von unserem Leistungs-Ich lösen und uns mit Tätigkeiten beschäftigen, die wir einfach nur gern machen, sind für das seelische Wohlbefinden so wichtig wie das Wassertrinken für den Körper. Ohne diese Phasen trocknen wir buchstäblich innerlich aus, werden angespannt und unzufrieden. Und das macht uns anfälliger für Stress.

Wenn wir uns regelmäßig Auszeiten für unsere Lieblingsbeschäftigungen nehmen, fühlen wir uns glücklich, tanken ausreichend Kraft, und der Stress fällt von uns ab. Diese Art von Entspannung hat echte Tiefenwirkung: Wer Erholungsinseln in den Alltag integriert hat, bleibt sogar am nächsten Tag bei der Arbeit entspannter. Die Pädagogin und Burn-out-Expertin Helen Heinemann schreibt: »Das ist die entscheidende Wendung: vom ›Ich leiste, also bin ich‹ hin zum einfachen ›Ich bin‹. Auch wenn dieses ›Ich bin‹ temporär und individuell gewählt ist.«[21]

Viele Wissenschaftler haben sich mit der Frage beschäftigt, warum die persönliche Lieblingsbeschäftigung so ein starker Stresskiller ist. Insbesondere die Hirnforscher haben ein paar interessante Antworten gefunden. Immer wenn wir etwas mit Freude und Spaß an der Sache tun, kommen wir in einen anderen Bewusstseinszustand, in den »Flow-Zustand«. Der Hirnforscher Manfred Spitzer beschreibt ihn so: »Alles fließt, alles geht locker, alles geht wunderbar. Die Sorgen, die Zeit – alles ist weg.«[22] Wir gehen dann völlig auf in der Sache, sind selbstvergessen und haben kein Zeitgefühl mehr. Egal ob beim Sport, beim Malen oder beim Tanzen – wir können dabei erleben, dass alles leicht und wie von selbst geht.

Dieses Empfinden ist sogar im Gehirn messbar: Wenn wir im Flow sind, schalten sich die vorderen Gehirnareale, die fürs Grübeln, für die Zielfindung und für Zukunftspläne zuständig sind, komplett ab. Die Führung übernehmen Hirnteile, die für die Wahrnehmung verantwortlich sind, also das Sehen, Hören oder Riechen, und die über bestimmte Verschaltungen von Nervenzellen, den sogenannten Neuronen, positive Emotionen auslösen. Deshalb empfinden wir im Flow Glücksgefühle.[23]

Entspannung kommt also dadurch zustande, dass wir uns mit angenehmen Beschäftigungen in einen Bewusstseinszustand katapultieren, in dem wir sorglos und frei sind. Diese Empfindung sorgt für ein umfassendes und anhaltendes Wohlgefühl. Wichtig: Der Effekt ist umso größer, je mehr wir mit dem Herzen dabei sind. Wer also gern singt, sollte in einen Chor gehen. Wer lieber malt, reitet, Tennis oder Klavier spielt oder mit Freunden Spielabende veranstaltet, sollte sich genau diese Dinge ins Leben holen. Manche Menschen erleben Flow auch, wenn sie ziellos durch ihre Stadt streifen, in eine Galerie spazieren, die sie dabei zufällig entdecken, oder das kleine Café an der Ecke testen, das ihnen noch nie aufgefallen war. Es ist nebensächlich, ob andere Ihre Lieblingsbeschäftigung sinnvoll finden. Für Sie ist sie eine Art Lebenselixier und deshalb unschätzbar wertvoll.

Was bringt Sofa-Sitzen und Ferngucken?

Bevor wir Ihnen praktische Übungen an die Hand geben, die Ihnen helfen, Ihre Lieblingsbeschäftigungen wieder ins Bewusstsein und in Ihre Woche zu holen, noch etwas zu den weniger effektiven Versuchen, sich von einem stressigen Tag zu regenerieren.

Vielen ist das bestimmt vertraut: Wenn sich der Stress im Leben schon häuslich eingerichtet hat, sind wir davon überzeugt, dass die erholsamste Tätigkeit das Abhängen auf dem Sofa oder vor dem Fernseher ist. Klar: Ein oder zwei Abende im Komplett-fertig-Modus mit Chips und Fernbedienung können manchmal richtig toll sein. Das Dumme ist nur, dass das Abhängen auf dem Sofa oder vor dem Bildschirm in sehr stressigen Phasen häufig zum Normalprogramm wird. Stressexperten wie Manfred Nelting haben beobachtet, dass bei diesen Abenden der gewünschte Erholungseffekt nicht eintritt, wenn sie zum Dauerzustand werden. Im Gegenteil. Wer mit Sofa und Soap den Feierabend bestreitet, wird mit der Zeit nur noch lethargischer und schlapper. Der Grund: Wenn wir aktiv etwas Angenehmes tun – zum Beispiel uns angeregt unterhalten oder einer Beschäftigung nachgehen, die wir mögen, belohnt uns unser Gehirn mit einem guten Gefühl.[24]

Als Zuschauer vor dem Fernseher sind wir jedoch nicht selbst aktiv, sondern allenfalls Beobachter virtueller Realitäten. Vor allem, wenn man sich ohne besondere Ziele durchs Programm zappt. Vielleicht verfolgen wir auch für eine Weile eine angeregte Diskussion oder sehen Menschen, die tolle Sachen machen – aber wir selbst erleben all das nur in Gedanken. Unser Belohnungssystem reagiert darauf nicht. Manfred Nelting: »Durch Erfahrungen in der virtuellen Welt kann das Belohnungssystem nicht wirklich physiologisch funktionieren, weil die Glückshormone nur dann angepasst und abgestimmt ausgeschüttet werden, wenn die körperlich/sinnliche Komponente aktiv an einem Geschehen beteiligt ist.«[25]

In gewisser Weise bahnen wir uns so selbst den Weg in ein Leben ohne echten Ausgleich vom Stress. Und irgendwann fällt uns auch gar nicht mehr ein, was uns noch vom Sofa locken könnte. Alles erscheint zu anstrengend, wir sagen Verabredungen ab und lassen feste Sport- und Freizeittermine lieber sausen. Abends kommen wir gar nicht mehr vom Sofa herunter, und diese Trägheit wird permanent größer, je länger wir unseren Feierabend als Couch-Potato verbringen.

Wir können Ihnen nur empfehlen: Seien Sie geizig mit Fernsehabenden, denn sie sind nur auf den ersten Blick erholsam. Raffen Sie sich lieber auf, und erleben Sie wirklich etwas – auch wenn Sie sich im ersten Augenblick vielleicht zu müde dafür fühlen. Vermutlich werden Sie sofort wacher, wenn es losgeht.

Eine Stunde etwas zu tun, das man liebt, ist auf jeden Fall erholsamer, als fünf Stunden auf dem Sofa zu liegen und in die Glotze zu starren. Tatsächlich kann ein Samstagabend mit der besten Freundin in einer Diskothek mehr Energie geben als ein ganzes Wochenende im Ausruhmodus zu Hause – selbst bei wenig Schlaf.

Inseln der Erholung im Meer der Termine

Falls Sie noch mehr Beweise dafür brauchen, dass es sich lohnt, auch im vollen Terminkalender Spaßtermine mit sich selbst unterzubringen: Die schon in der Einleitung erwähnte Studie hat gezeigt: Menschen, die zwei bis fünf Stunden pro Woche mit Hobbys, Freunden und anderen Dingen, die sie bevorzugen, zubrachten, konnten ihr Risiko, durch Stress krank zu werden, auf null Prozent senken. Und nicht nur das. Sie waren auch glücklicher.

Die beste Strategie, um angenehme Dates in der Realität umzusetzen, besteht darin, einfach damit anzufangen. Tragen Sie sich ein bis zwei Insel-Termine in den Wochenplan ein, und nehmen Sie diese auch wahr. Ob Sie Karate einem Kantatensingen vorziehen, hängt von Ihren persönlichen Vorlieben ab. Letztlich ist es ganz gleich, für was Sie sich entscheiden, es soll Ihnen nur Vergnügen bereiten.

Es kann sein, dass Sie im ersten Moment gar nicht wissen, was Ihnen eigentlich Spaß macht. Vor lauter Stress können Sie sich nicht richtig daran erinnern, wann und womit Sie jemals in Selbstvergessenheit gerieten. In Kindertagen, ja, da weiß man es noch, aber in den letzten Jahren … Die folgende Übung soll Ihnen helfen, sich Ihre Lieblingsbeschäftigungen wieder ins Bewusstsein zu holen.

Spickzettel fürs Leben –
eine Liste meiner Leidenschaften
und Lieblingsbeschäftigungen

Nehmen Sie ein Blatt Papier und einen Stift zur Hand. Schreiben Sie an den linken Rand der Seite die Zahlen 1 bis 40, und zwar untereinander. Und jetzt formulieren Sie in Stichworten vierzig Dinge, die Sie gern tun oder schon immer einmal machen wollten. Das können größere Sachen sein wie etwa »Ski laufen«, oder kleinere wie »Blumen riechen«. Denken Sie nicht zu viel nach. Lassen Sie Ihre Gedanken schweifen, und notieren Sie, was Ihnen spontan einfällt. Versuchen Sie, wirklich vierzig Punkte zu finden.

1 _____

2 _____

3 _____

Fertig? Ja? Vielleicht sind Sie erstaunt, dass Ihnen überhaupt so viel in den Sinn gekommen ist. Vierzig Dinge? Zu Beginn der Übung fragt man sich oft, ob einem wohl so viel einfallen wird. Aber wenn man erst einmal angefangen hat, sich an die Dinge zu erinnern, die man einfach gerne tut, ist der Reichtum oft größer, als man dachte. Und ist man erst einmal richtig in Schwung, dann fallen einem auch die Dinge ein, die sich bereits in den hintersten Winkel der eigenen Sehnsüchte zurückgezogen hatten. Schauen Sie sich die Top Forty Ihrer

Leidenschaften an – und wählen Sie bei den nächsten Übungen das aus, was Sie als Erstes in Ihren Alltag holen wollen.

Aus alt mach neu –
wie Sie Leidenschaften von früher
heute wieder nutzen können

Vielleicht finden sich auf Ihrer Liste Dinge, die Sie vor Ewigkeiten gern gemacht haben, die aber in Ihr jetziges Leben gar nicht mehr passen. Klettertouren? Zu gefährlich. Segeln? Zu teuer. Lassen Sie sich nicht entmutigen, wenn Ihre Leidenschaft von einst heute nicht mehr passt. Da hilft ein wenig Kreativität. Denn Sie können Ihre ehemaligen Leidenschaften auch ein wenig anders ausleben. Wichtig ist allein, dass Sie genau überlegen, welches Gefühl sich bei Ihrem damaligen Tun einstellte und welche Faktoren dafür zuständig waren.

Nehmen wir zum Beispiel Basketball. Angenommen, Sie können den Ballsport aus gesundheitlichen Gründen nicht mehr praktizieren, haben ihn aber heiß und innig geliebt, weil Sie in einer Mannschaft aktiv waren und den Teamgeist klasse fanden. Der Kern Ihrer Leidenschaft war also das Spiel mit anderen. Wenn Sie jetzt allein joggen, weil das ja »irgendwie auch Sport ist«, wird Ihnen das kaum richtig Freude bereiten. Besser wäre es, wenn Sie sich für die Freizeit ein neues Team suchen, mit dem Sie das tun können, was Ihnen Spaß macht, auch wenn es keine Basketballmannschaft mehr ist: Engagieren Sie sich in einem Repair Café, initiieren Sie mit Freunden einen Aquajoggingkurs, eine Wandertruppe, oder schließen Sie sich einer sonstigen Freizeitgruppe an. Bälle kann man sich auch anderswo zuspielen. Also: Versuchen Sie den Kern Ihrer Leidenschaft herauszufinden, und begreifen Sie ihn als Wegweiser zu einer Lieblingsbeschäftigung, die heute in Frage kommen könnte.

Wo soll ich das nur unterbringen? Ein paar Worte zur Zeitplanung

Vielleicht hatten Sie sofort eine Idee, als Sie darüber nachdachten, wann es ideal wäre, Ihrer Lieblingsbeschäftigung nachzugehen. Tragen Sie die von Ihnen ins Auge gefassten Zeitfenster am besten gleich in den Kalender ein.

Verbindliche Termine funktionieren auf jeden Fall besser, als wenn Sie sich nur vage vornehmen, nach dem Job vielleicht mal schwimmen zu gehen. Oder wenn Sie das Programm der Volkshochschule durchblättern, dort einen Nähkurs finden, den sie gern besuchen würden – und dann feststellen, dass er ja doch nicht in die Zeit passt, in der Sie sich frei machen können. Machen Sie es also eher umgekehrt: Blocken Sie sich einmal wöchentlich einen Zeitraum im Kalender, und gucken Sie dann, welcher Kurs, welches sportliche Ritual oder kulturelle Event dort wirklich gut hineinpasst. Das Wichtigste an der Planung ist: Ausreden gelten nicht. Sie haben einen Termin mit sich selbst. Und bei dem bleiben Sie. Basta.

Überlegen Sie auch, wen Sie in Kenntnis setzen sollten, dass Sie in einem bestimmten Zeitraum nicht für andere da sind, sondern mit sich selbst eine Verabredung haben. Das kann Ihr Partner sein, denn sonst könnte er auf die Idee kommen, gerade an Ihrem Mittwoch im Kino den neuen *James-Bond*-Film mit Ihnen ansehen zu wollen. Oder die Mitarbeiter, die eine Besprechung an dem Nachmittag ansetzen könnten, an dem Sie pünktlich weggehen möchten.

Vielleicht sind Sie aber gerade in einer Lebensphase, in der alles drunter und drüber geht und Sie tatsächlich niemals eine freie Minute haben. Dann ist es besonders wichtig, einen Freiraum zu blocken, und wenn es nur für eine Stunde in der Woche ist. Lassen Sie dafür etwas anderes weg. Was denn?, fragen Sie. Wie soll das gehen bei all den Verpflichtungen?

Zwei Tipps: Wenn Sie sich gelegentlich bei einem Fernsehfilm oder beim Surfen im Internet zu entspannen versuchen – reduzieren Sie diese »mediale Zeit« auf die Hälfte. Sie können auch nach Situationen im Alltag suchen, bei denen Sie nach Ihrer Wahrnehmung Zeit verlieren. Ein Beispiel: Sie haben vor, morgens viel zu erledigen, bringen aber letztlich nichts auf die Reihe, weil Sie ständig an etwas hängen bleiben, Telefonate annehmen, die auch warten könnten, Zeitung lesen oder Blumen gießen. Diese Zeiten nennt man »getarnte Pausen«. Verpflichten Sie sich, diese Pseudo-Pausen – nichts anderes sind sie – aufzugeben. Gehen Sie lieber für ein paar Minuten einer von Ihren vierzig Lieblingsbeschäftigungen nach, die auch für das Büro kompatibel ist, bevor Sie sich bewusst an die nächste Aufgabe machen. Das gibt es nicht, werfen Sie ein. Doch!

Schauen Sie sich Ihre Liste genau an. Bestimmt finden Sie dort etwas, das Sie auch im Job tun könnten – zum Beispiel ein paar Seiten in einem schönen Buch lesen, ein Musikstück über den iPod hören, in den Himmel gucken oder ins Grüne gehen.

Um die Sachen, die Sie gern machen, fest in Ihrer Woche einzubauen, funktionieren natürlich Vereine oder Kurse mit bestimmten Zeiten am besten. Aber mit etwas Übung gelingen auch die Termine, die Sie mit sich selbst zu Hause vereinbaren. Setzen Sie für diese Dates mit Ihren persönlichen Leidenschaften wie Zen-Meditationen, einen Pullover stricken oder Gitarre spielen ein konkretes Zeitfenster. Vielleicht morgens eine Viertelstunde vor der Arbeit. Oder abends, direkt wenn Sie nach Hause kommen.

Das hat mir früher Freude gemacht

Es kann passieren, dass die Liste der Leidenschaften Probleme bereitet hat. Nichts ist einem eingefallen, einfach gar nichts. Viele Frauen stecken so tief in ihren Stressschleifen, dass sie, wie gesagt, gar nicht mehr wissen, was sie wirklich gern tun, wobei sie sich entspannen. Sie haben spontan keine Idee, was sie in einer freien Stunde nur für sich selbst Angenehmes tun sollten.

Vergleichbar ist das ein wenig wie mit einem Tag, an dem man kaum etwas gegessen hat und schließlich dermaßen hungrig ist, dass man überhaupt nicht mehr entscheiden kann, was man essen soll. Man hat auf nichts Lust –

und die Phase, in der der Magen knurrt, wird immer länger. Beim Stress ist es nicht viel anders. Einige Monate, einige Wochen zuvor hätte man noch sagen können, was einem Spaß macht, aber nach einer sehr langen Belastungsstrecke weiß man das nicht mehr. Die Vorstellung von einem Leben, in dem man Zeit für sich hat, ist in weite Ferne gerückt, intuitive Wünsche sind nicht auszumachen.

Das Gefühl für diese wieder zurückzugewinnen, darum geht es auch beim Ausstieg aus dem Stresskarussell. Keine Sorge, Sie müssen sich (wie schon in der Übung »Aus alt mach neu« auf S. 56 angedeutet) kein neues Hobby ausdenken. Wenn Sie etwas über Ihre »geheimen« Leidenschaften herausfinden wollen, reicht es vollkommen, noch ein bisschen intensiver in der eigenen Vergangenheit zu kramen. Entweder finden Sie doch noch einiges, was Sie vor der Dauerstressphase mit Vorliebe getan haben. Oder Sie fragen sich, was Ihnen großen Spaß bereitet hat, als Sie zehn, fünfzehn, zwanzig oder fünfundzwanzig waren. Denn in der Kindheit oder Jugend, in der Studentenzeit oder Ausbildung lassen sich oft die Lieblingsbeschäftigungen finden, die für Sie mit einem tiefen Glücksempfinden verbunden waren. Ob Sie mit fünfzehn voller Freude Querflöte oder Volleyball gespielt haben, als Kind eine Ballettratte oder kaum aus einem Pferdestall zu bewegen waren, ob Sie sich im Studium in der Kirchengemeinde engagiert haben oder mit Freundinnen durch Südamerika trampten – häufig liefern unsere früheren Hobbys und Interessen einen Hinweis darauf, was uns auch heute entspannen würde.

Auch hier gilt: Man muss natürlich nicht genau das Gleiche machen wie in jungen Jahren. Ein wenig Fantasie ist bei der Übersetzung in die Jetzt-Zeit gefragt. Aber wenn wir uns daran erinnern, wie sehr uns Drehungen zur Musik im Jazzdance beschwingt haben, können wir uns auch als Erwachsene einen Fitnesskurs suchen, der uns ähnlich mitreißt. Ein Bauch-Beine-Po-Programm wird uns kaum vom Hocker reißen, dann schon eher Zumba (eine Kombination von Aerobic und lateinamerikanischen Tänzen) oder Tango.

Sollten Sie sich fragen, warum sich in unseren frühen Jahren häufig gute Hinweise für persönliche Entspannungsrezepte entdecken lassen, so ist die Antwort einfach: Vieles von dem, was wir damals getan haben, stand nur bedingt unter dem Gesichtspunkt der Effektivität. Die Welt wurde spielerischer, unbelasteter, weniger rational erfasst. Und weil wir außerdem meist viel freie Zeit hatten – jedenfalls mehr als aktuell –, konnten wir uns unseren Hobbys mit großer Konzentration widmen. Dadurch verankerten sich Lebendigkeit, Freude und andere positive Gefühle tief in uns. Diese Saite wieder zum Schwingen zu bringen, macht Sie extrem stark gegen Stressgefühle.

Es ist nämlich gut möglich, dass sich die Wiederentdeckung Ihrer Lebenslust mehr und mehr auf Ihren restlichen Alltag überträgt. Das heißt nicht, dass Sie in Zukunft im Meeting sitzen und plötzlich lautstark Michael-Jackson-Songs singen. Aber es kann sein, dass Sie irgendwo im Hinterkopf eine beschwingte Melodie hören, auch wenn in der Konferenz gerade die Abgabetermine enger gezogen wurden. Der Kontakt zu Ihrer Lebensfreude kann am Ende Ihr Grundgefühl im Job komplett verändern.

Das macht schon Spaß ...

BEWEGUNG GEHT IMMER: Falls Sie gerade keine Idee haben, welche Entspannungsinsel für Sie die richtige wäre, fangen Sie mit Bewegung an. Yoga, Pilates oder Qigong, begleitet von einer Übungs-CD, bringen uns ziemlich schnell zu uns selbst. Überhaupt reduzieren Ausdauersportarten wie Laufen, Schwimmen oder Radfahren unmittelbar das Gefühl von Stress. Haben Sie bei der Wahl Ihrer sportlichen Aktivität bitte nicht eine Bikinifigur im Blick, allein der Spaß sollte ausschlaggebend sein. Ein Bauch-Beine-Po-Programm oder ein reines Laufbandtraining dürfen Sie buchen, wenn Ihnen ein solches Vergnügen bereitet, aber nicht, weil Sie perfekt aussehen sollen. Wer nicht sowieso schon Sport treibt, wer Bewegung als ersten Einstieg in mehr Freude und in ein schöneres und stressfreieres Leben wählt, sollte darauf verzichten, diese Entspannungsphasen zur getarnten Leistungszone zu machen. Pfeifen Sie also dieses Mal auf Effektivität. Setzen Sie auf reinen Lustgewinn!

DER MINI-AUSFLUG: Eine andere gute Einstiegsmöglichkeit ist ein Mini-Ausflug, bei dem Sie sich zu verschiedenen Zielen in nicht allzu großer Entfernung treiben lassen. Eine Stunde ist das Minimum für diese kleinen Abenteuer mit sich selbst. Aber es können auch zwei oder drei Stunden werden. Fahren Sie in den Nachbarort, trödeln Sie durch die Fußgängerzone, ohne dass Sie shoppen wollen. Genießen Sie einfach nur die Eindrücke. Besuchen Sie allein einen Tierpark, den Sie sonst womöglich nur mit Kindern aufsuchen würden. Gehen Sie in einen besonderen Schreibwarenladen und schauen sich alles genau an, die edlen Papiersorten, die hübschen Stifte, speziell gebundene Hefte. Fahren Sie zu der alten Klosterruine in Ihrer Umgebung, oder setzen Sie sich in ein schönes öffentliches Gebäude (das kann das Rathaus sein, eine Bibliothek oder das Café im Freibad). Wichtig ist, dass Sie sich beim Ausflug auf all Ihre Sinne konzentrieren.

Diese Übung mag ein wenig verrückt klingen, sie führt Sie aber in einen Wahrnehmungsmodus, den man hat, wenn man extrem entspannt ist. Auch wenn dieser Tipp Sie nur wenig anspricht, versuchen Sie es! Diese Übung stammt aus dem Kreativitätstraining und ist sehr wirksam.

Hätten Sie es gewusst?

Warum können wir unter Stress nicht aufhören, Schokolade zu essen? Warum müssen wir die ganze Tafel oder den kompletten Schokoriegel vernichten?

Lars Schwabe ist Psychologe am Institut für Kognitive Neurowissenschaft der Ruhr-Universität Bochum. Zusammen mit Kollegen hat er ein Experiment durchgeführt, das auf den ersten Blick simpel aussieht: Studenten sollten an einem Computer lernen, bestimmte Symbole zu drücken, um über einen langen Trinkschlauch einen Schluck

Kakao oder Orangensaft direkt in den Mund zu bekommen. Bevor es in die Praxis ging, durften die Studenten so viele Orangen und Schokopudding essen, wie sie wollten. »Das sollte den Wert der Belohnung schwächen«, erklärt der Lernpsychologe.[26] Mit anderen Worten: Wer gerade viele Orangen gegessen hat, mag direkt im Anschluss höchstwahrscheinlich keinen Orangensaft mehr trinken.

Nach einer Pause setzten sich die Studenten dann an den Computer. Allerdings hatte die eine Hälfte der Studienteilnehmer vorher Stresshormone in Form eines Medikaments zu sich genommen. Die andere Hälfte bekam keine derartigen Hormone verabreicht. Die Gruppe ohne Stresshormone im Blut verhielt sich nun wie erwartet: Wer viele Orangen gegessen hatte, fand Orangensaft nicht attraktiv und klickte das Symbol dafür auch nicht an. Überraschend verhielten sich jedoch die Studenten, die durch die Medikamentengabe unter Stress standen. Sie klickten das Symbol für das Getränk an, obwohl sie sich bereits an den Früchten satt gegessen hatten und im Grunde gar nicht mehr weiteren Saft zu sich nehmen wollten, wie sie nach dem Experiment selbst betonten. »Sie wurden zu Opfern ihrer Gewohnheit«, folgert Lars Schwabe, »der Stress hatte offenbar auf Autopilot geschaltet.«[27] Das Gehirn der Studenten entschied sich gleichsam automatisch für das gewohnte Getränk, sie schafften es nicht, willentlich eine Handlungsalternative zu entwickeln. Ihr Verhalten war vergleichbar mit einem Bonbon, der in der Hosentasche kleben blieb.

Was war da passiert? Die Analyse der Gehirnaktivitäten, die die Wissenschaftler zeitgleich beobachtet hatten, gab zu erkennen, dass in der gestressten Gruppe die Vorgänge im Vorderhirn gehemmt waren. Das Vorderhirn ist der Ort, an dem zielgerichtete Entscheidungen gefällt werden. Offensichtlich reduziert Stress unsere Fähigkeit, neue Handlungsideen zu entwickeln und Gewohnheiten zu unterbinden. Das erklärt, warum wir unter Stress immer wieder in alte Muster verfallen. Und zum Beispiel an einem stressigen Tag während des Nachmittagstiefs oder abends vor dem Fernseher eine Tafel Schokolade verputzen, obwohl wir uns fest vorgenommen hatten, das nie wieder zu tun.

3 Sie sind stärker, als Sie denken

Dritter Schritt
Entdecken Sie Ihre persönlichen Stärken
und bauen Sie diese aus

Wann haben Sie das letzte Mal voller Stolz gedacht: Mensch, das habe ich jetzt aber wirklich gut hingekriegt! Vermutlich müssen Sie ein bisschen überlegen. Und sollte Ihnen doch ein persönlicher Erfolg einfallen, könnte es sein, dass Ihnen das sofort peinlich ist. Man lobt sich doch nicht selbst! Und wahrscheinlich tun Sie das auch nur selten (wenn überhaupt). Gerade Frauen halten es mit ihren Leistungen eher so: Man freut sich, wenn etwas gelingt. Aber man stellt den Triumph nicht zur Schau, reitet nicht darauf herum, wie gut alles geklappt oder wie grandios man eine Aufgabe gelöst und zu einem erfolgreichen Ende geführt hat. Denn nur wenig finden wir schlimmer als diese Angeber, die einzig davon reden, wie toll sie sind. Studien zeigen: Frauen sehen ihr eigenes Können eher kritisch, und Eigenlob ist ihnen suspekt.[28]

Aber wenn Sie jetzt überlegen sollten, wann Sie sich das letzte Mal über eine eigene Schwäche geärgert haben, könnte es sein, dass Ihnen sofort zehn Situationen einfallen. Dass Sie sich wieder nicht durchgesetzt haben, wo es wichtig gewesen wäre. Dass Sie ein weiteres Mal einen Extra-Job angenommen haben, obwohl Sie sich geschworen hatten, das nicht mehr zu tun. Dass Sie abends erneut auf dem Sofa versackt sind, anstatt zum Sport zu gehen. Und, und, und.

Würden Sie jedes Mal, wenn Sie an eine Schwäche denken, ein Sparschwein mit einem Euro füttern, wäre es ziemlich schnell voll. Würden Sie das Gleiche bei Ihren Stärken machen, bliebe es dagegen ewig leer.

Schwächen rauben Energie

Der Blick auf unsere Schwächen hat eine enorme Sogkraft. Sie ziehen unsere Aufmerksamkeit viel stärker an als unsere Stärken. Aus psychologischer Sicht erklärt sich das so: Wenn uns etwas nicht gelingt, besteht Verbesserungsbedarf. Und weil unser Gehirn darauf getrimmt ist, uns dabei zu helfen, uns so gut wie möglich in der Welt zurechtzufinden, reagiert es auf die Nachricht: »Da klappt was nicht« ausgesprochen stark.[29] Deshalb nehmen wir auch alles, was wir an uns selbst als mangelhaft empfinden, wie durch eine Lupe vergrößert wahr. Und das, was in unserem Leben ohne Probleme funktioniert, haken wir wie beiläufig ab – die Dinge, die glatt über die Bühne gehen, brauchen ja keine besondere Aufmerksamkeit.

Diese Sicht auf die Welt finden wir so normal, dass kaum auffällt, wie ungesund sie ist. Denn jedes Mal, wenn wir an unsere Schwachpunkte denken, empfinden wir ein unangenehmes Gefühl. Und wer viel über seine »fehlerhaften« Seiten nachdenkt, füttert sich regelrecht mit negativen Gefühlen. Das beeinflusst unser gesamtes seelisches Gleichgewicht sehr viel stärker als bislang angenommen. Barbara L. Fredrickson wies in neueren Studien nach, dass unsere Psyche dreimal mehr positive Gefühle als negative empfinden muss, um in ausgeglichener Stimmung zu sein.[30] Überwiegt der Anteil an negativen Gefühlen, sind wir leicht angespannt und werden anfälliger für weiteren Stress. In positiver Stimmung sind wir dagegen automatisch wacher und offener für neue Eindrücke. Unsere Gedanken sind kreativer, wir sehen für viele Probleme nahezu selbstverständlich Lösungen. »Positive Emotionen erweitern die Grenzen des Geistes«, so die amerikanische Psychologin.[31]

Der Blick auf unsere Stärken macht uns stark

Sabine Asgodom, Coach-Trainerin und Autorin, beschäftigt sich seit über zehn Jahren mit der Frage, was Frauen stark macht – und wie sie sich häufig selbst sabotieren. Sie ist zu dem Schluss gelangt, dass Frauen viel zu selten ihre Stärken in den Fokus stellen und damit eine wertvolle Energiequelle vertun: »Dieses warme Gefühl des Stolzes in der Brust ist Lebensfülle. Wenn dieses Gefühl fehlt, ist es schwer, die Eigenmotivation zu erhalten: Wofür mache ich das eigentlich alles? Wenn wir aber dieses Kribbeln hinterm Brustbein spüren, hei, ich bin genau am richtigen

Platz, alles ist möglich, dann bekommt jeder Tag einen Sinn.«[32]

Wenn Sie also etwas für Ihr Wohlbefinden tun möchten, sollten Sie nicht über das grübeln, was Sie besser machen könnten. Viel effektiver ist es, sich anzugewöhnen, mit Selbstkritik geizig zu sein, dafür umso großzügiger mit Lob für die eigenen Stärken, für die kleinen und großen Erfolge. Für viele Frauen ist das eine völlig ungewohnte Denkweise. Aus diesem Grund folgt jetzt eine Übung, die Sie in Kontakt mit Ihren großartigen Fähigkeiten bringt.

 *Ein starker Tag*

Spielen Sie einen Tag lang »verkehrte Welt« und lassen Sie sich darauf ein, vierundzwanzig Stunden nur auf Ihre starken Seiten zu achten. Seien Sie ruhig ein wenig maßlos. Sie können schon beim Frühstück anfangen und sich dafür loben, dass der Kaffee oder Tee wirklich gelungen ist, dass Sie pünktlich losgekommen sind und das morgendliche Familienchaos gemanagt haben. Stellen Sie Ihren Blick scharf – auf alles Gute an Ihnen und Ihrem Tun. Und mit diesem Blick gehen Sie durch den gesamten Tag. Sobald Sie merken, wie sich Ihr Fokus in Richtung Schwäche verschiebt, sagen Sie freundlich: »Morgen wieder! Heute konzentriere ich mich allein auf meine starken Seiten.« Sie werden staunen, wie sehr diese Übung beschwingt.

Falls Sie weiter Ihren Blick für Ihre starken Seiten schärfen wollen, machen Sie doch gleich die nächste Übung:

Das kann ich richtig gut

Schreiben Sie auf ein Blatt Papier folgende Fragen (und lassen Sie etwas Platz für Ihre Antworten):

- Welche Tätigkeiten fallen mir leichter als anderen?
- Welche Aufgaben übernehme ich richtig gern – im Job und in der Familie?
- Was gelingt mir immer ziemlich gut?
- In welchen Dingen fragen mich andere um Rat?

Stellen Sie sich jetzt vor, eine Freundin oder ein Freund richtet diese Fragen an Sie und möchte ehrliche Antworten bekommen. Vielleicht fällt es Ihnen schwer, Ihre positiven Seiten so explizit zu beschreiben, weil es Ihnen unangenehm ist, Ihre Leistungen in den Mittelpunkt zu stellen. Doch es geht nicht darum, sich hervorzutun. Sie sollen einzig und allein Ihre Stärken ein Stück weit besser kennenlernen. Sie sollen sich an Situationen erinnern, in denen Ihre Mitmenschen Sie um Unterstützung gebeten haben, an Momente, in denen Sie bestimmte Aufgaben gern übernommen haben, weil sie Ihnen leichtfielen. Dabei ist es gleichgültig, ob diese Augenblicke Ihr Privat- oder Ihr Jobleben betreffen.

Sehen Sie sich nun Ihre Antworten an. Haben Sie sich Ihre starken Seiten schon jemals so verdeutlicht? Vielleicht war Ihnen bislang noch gar nicht bewusst, was Sie besser können als andere. Ihre starken Seiten sind so etwas wie Ihre sichere Bank, auf sie können Sie sich verlassen. Es lohnt sich, immer wieder zu schauen, ob Sie letztlich etwas so »drehen« können, dass Ihre Fähigkeiten optimal zum Einsatz kommen – und Aufgaben für Sie dadurch leichter zu erledigen sind.

So wie die Architektin Katja Sander. Die Achtunddreißigjährige hat sich schon intensiv mit ihren Stärken beschäftigt. Dabei fand sie beispielsweise heraus, dass sie ein besonderes Talent besitzt, Dinge zu sortieren und in eine ideale Reihenfolge zu bringen. Sie sieht auf den ersten Blick, was wichtig ist und was nicht. Kein Wunder, dass Ausmisten und Aufräumen zu ihren Lieblingsbeschäftigungen gehören – ganz gleich, ob das ihre Wohnung oder die Ablage in dem Architekturbüro betrifft, in dem sie arbeitet. Diese Aufgaben fallen ihr auch ganz leicht, viel leichter als den meisten anderen. Sie ist auch die gefragte Frau, wenn es im Büro darum geht, Zeitschienen für Projekte zu erarbeiten oder die Pläne von Bauvorhaben auf Fehler zu checken.

Katjas Freunde lieben besonders ihren klaren Blick – eine weitere Facette ihrer Gabe, alles gut zu strukturieren. Oft fragen sie Katja, wenn es um knifflige Entscheidungen geht. Sie erzählen ihr von den drei Mietwohnungen, die sie sich angeschaut haben und zwischen denen sie sich nun entscheiden müssen, oder den verschiedenen Urlaubszielen, die zur Auswahl stehen. Katja weiß sofort, welche Überlegungen relevant sind, um den richtigen Entschluss zu fassen. Nach einem Abend mit einem Glas Wein gehen die Freunde glücklich und »sortiert« nach Hause. Katja selbst ist stolz auf ihre Fähigkeiten und freut sich täglich an ihnen. Wer sich mit seinen Stärken beschäftigt und sie öfter gezielt wahrnimmt, kann sicher sein, dass die guten Gefühle folgen werden und das Selbstbewusstsein stärker wird.

Stärken reloaded

Wer sich zudem traut, seine persönlichen Stärken in vollkommen neuen Bereichen einzusetzen, der bringt sein Leben richtiggehend auf Erfolgskurs. So erging es jedenfalls Katja Sander, als sie eine Präsentation für ein Projekt aus ihrem Architekturbüro auf die Beine stellen sollte. Noch nie zuvor hatte sie das gemacht. Zuerst dachte sie: Oje! Wie soll ich das denn schaffen? Zwar hatte sie mit Kollegen drei Vorschläge für innovative Fertighäuser entwickelt und kannte jedes Detail, aber sie sah sich bei der Präsentation mit einem Problem konfrontiert: Wie bekomme ich alle Infos bei einem Fünfzehn-Minuten-Vortrag auf nicht mehr als zehn Folien? (Das war das Limit für diesen Zeitrahmen.) Und wie hält man überhaupt einen Vortrag, ohne sich zu verzetteln? Sie hatte Angst, sich zu blamieren.

Voller Neid dachte sie an ihre Freundin Vera, eine Marketingfrau, die sich buchstäblich um solche Aufgaben reißt und genau da ihre starke Seite hat. Die es liebt, einen hundertseitigen Projektbericht gnadenlos auf zehn Fakten zusammenzustreichen. Und dabei kann sie auch noch aus dem Stegreif witzig sein. Ihre Präsentationen kommen immer gut an. Für Vera ist so ein Vortrag ein lockerer Job, der sogar Spaß bringt. Für Katja erschien eine solche Herausforderung gleichsam als Stresshölle. Ihre Eigeneinschätzung: Sie ist eher diejenige, die den hundertseitigen Projektbericht schreibt – und am Ende steht garantiert alles in ihm drin, was relevant ist. Sie ist jedoch nicht diejenige, die mit Mut zur Lücke einige Punkte herausfischt und dann noch unterhaltsam vorstellt.

Zuerst hing ihr der Termin wie ein Klotz am Bein. Mehrfach setzte sie sich hin, um die Präsentation vorzubereiten, um eine Stunde später entnervt wieder aufzugeben. Abgeben wollte sie die Aufgabe aber auch nicht – schließlich hatte sie wochenlang an dem Projekt herumgefeilt. Und die Präsentation war auch eine Chance, ihrem Chef zu zeigen, wie tief sie sich in die Materie eingearbeitet hatte. Außerdem war sie stolz auf dieses Projekt, denn sie war es gewesen, die den Einfall gehabt hatte, die kreativen Teams so zu mischen, dass immer Singles und Kollegen mit Familie, Ältere und Jüngere gemeinsam an den Ideen für die Fertighäuser herumbastelten. Dadurch waren viele interessante und ganz neue Ansätze entstanden.

Also widmete sie sich abermals ihrer Präsentation und dachte weiter nach, wie sie einen stringenten, überzeugenden roten Faden und einen mitreißenden Anfang finden könnte. Erst versuchte sie sich an dem Vorgehen ihrer Freundin Vera zu orientieren – mit kurzen, knackigen Sätzen und vielen Pointen. Aber sie merkte schnell, dass das bei ihr nur hohl klang. Und fast trotzig beschloss sie, die Sache so anzugehen, wie sie auch andere Dinge anging: mit einer gründlichen Vorarbeit. Dazu besorgte sie sich ein kleines Handbuch zum Thema »Vortrag und Präsentation«. Als sie das gelesen hatte, wusste sie: Nicht nur witzige Vorträge kommen gut an, sondern auch hervorragend strukturierte, bei denen am Ende klare Aussagen haften bleiben. Das erleichterte sie, denn jetzt hatte sie das Gefühl, doch eine Präsentation ausarbeiten zu können, die funktionierte. Sie nahm sich vor, in Richtung Struktur weiterzudenken, anstatt den Stil ihrer Freundin zu kopieren.

Katja fiel ein, dass sie ihren Projektbericht als Grundlage benutzen konnte. Seine zehn Kapitel konnten Überschriften für die zehn Folien sein. Danach schrieb sie aus jedem Kapitel die zentralen Aussagen auf – auf Karten, damit sie vor Aufregung nicht den Faden verlor. Anschließend bat sie den Grafiker im Büro, für jedes Kapitel eine witzige Skizze zu machen. Fertig. Sie würde eine Kurzfassung ihres ausführlichen Dossiers vorstellen und zum Abschluss jedem den Bericht in die Hand geben. Sie war zufrieden über ihre Entscheidung. Denn jetzt hatte sie das Gefühl, dass die Präsentation zu ihr passte.

Der Vortrag kam gut an – und ihr Chef bedankte sich, weil er es genial gefunden hatte, wie sie die vorgestellten Ideen mit dem Projektbericht verknüpft hatte. Der Bauherr der Fertighäuser hatte hinterher zu verstehen gegeben, das Architekturbüro hätte wirklich gute Arbeit gemacht, und nun sei er sehr interessiert an dem Vorschlag, den das Büro favorisieren würde. Dieses Vertrauen, so Katjas Chef, wäre durch die fundierte Projektpräsentation extrem gepusht worden.

Katja war es gelungen, ihre Aufgabe, die sie erst ziemlich gestresst hatte, so zu gestalten und zu lenken, dass sie konsequent ihre starken Seiten einsetzen konnte. Nach ihrem Erfolg nahm sie sich vor: »Ich werde jetzt viel mehr Sachen auf die Weise, die mir liegt, anpacken, anstatt zu schauen, wie es die anderen machen.« Dieser Plan fühlte sich gut für sie an. Frei und stark.

Wir alle haben unsere ganz persönlichen Stärken. Und diese gebrauchen wir oft. Aber genauso häufig vergessen wir sie auch. So wie Katja angesichts einer neuen Herausforderung, nämlich zum ersten Mal zu präsentieren. Nicht selten passiert uns das gerade bei ungewohnten Aufgaben oder bei Sachen, die wir vor allem »richtig« machen wollen – und nicht einfach so, wie es zu uns passt.

Dabei ist unser persönlicher Erfolg immer ein guter Wegweiser zu mehr Leichtigkeit auf allen Gebieten. Mit der folgenden Übung können Sie Ihrem Stärkeprofil noch mehr auf die Spur kommen:

Der Film meiner Erfolge[33]

Stellen Sie sich vor, Sie drehen einen Film über Ihr Leben. Titel: »Das war ein voller Erfolg!« In dieser Dokumentation halten Sie die Kamera auf die Situationen in Ihrem Leben, in denen Sie sich etwas vorgenommen hatten, an dem Ihr Herz hing – und in denen Sie Ihr Ziel auch erreichten. Was würden Sie zeigen wollen? Ihren Garten? Eine Begebenheit in Ihrem Job? Ihre Kinder? Sie als Gastgeberin? Als Krisenmanagerin in einer schwierigen privaten Angelegenheit? In einem besonderen Umstand auf einer Reise? Visualisieren Sie fünf bis zehn Stationen in Ihrem Leben, auf die Sie wirklich stolz sind.

Schauen Sie sich jetzt Ihren Erfolgsfilm an. Welche Szenen waren für Sie wichtig? Wählen Sie drei bis fünf Szenen aus. Beschreiben Sie diese in einem kurzen Satz. Danach skizzieren Sie für jeden einzelnen Erfolg, wie Sie ihn verwirklicht haben. Stellen Sie die einzelnen Schritte so dar, als wollten Sie einem Gegenüber ein Rezept an die Hand geben, das er nachahmen kann. Formulieren Sie zu jedem Plot ein bis zwei Absätze.

Lesen Sie sich die drei, vielleicht fünf Geschichten noch einmal genau durch. Gibt es ein bestimmtes Muster, das für Ihre Errungenschaften verantwortlich gemacht werden könnte? Sammeln Sie beispielsweise immer eine Menge Informationen, bevor Sie eine Aufgabe angehen? Oder haben Sie einen Film vor Augen, wenn Sie etwas planen? Brauchen Sie Zeit oder ein Gespräch mit anderen, um sich der Lösung zu nähern? Notieren Sie sich, was Ihnen zu den vorherigen Fragen einfällt.

Wenn Sie Ihr spezielles Vorgehen in ein, zwei Sätzen benennen können, haben Sie Ihr persönliches Erfolgsrezept gefunden, Ihren Wegweiser zum Glück. Wann immer Sie eine Aufgabe lösen möchten oder müssen, sollten Sie überprüfen, wie Ihr eigenes Vorgehen aussehen könnte. Ihre individuelle Handhabung wird mit Sicherheit der leichteste Weg zum Erfolg sein.

Für Ihre Zukunft: Übertragen Sie Ihr Erfolgsrezept auch auf neue Lebensbereiche. Erst in der Fantasie. Welche schwierige Aufgabe steht an? Was würden Sie gern in Ihrem Leben verändern, um weniger Stress zu spüren? Wie würden Sie das angehen, wenn Sie Ihrem Erfolgsmuster folgen?

Überlegen Sie: Könnten Sie eine schwierige Situation – zum Beispiel eine heikle Familienfeier oder eine nicht minder komplizierte Arbeitsbesprechung – beim nächsten Mal mit einer Ihrer Stärken entschärfen? Vielleicht haben Sie bei Ihrer Erfolgsstory festgestellt, dass viele Ihrer gelungenen Einsätze daher rühren, dass Sie diese gut geplant haben – und auf die Familienfeier stolperten Sie jedes Mal, ohne sich vorher Gedanken gemacht zu haben, *was* Sie dort eigentlich wollten und *wie* Sie die Feier hätten mitgestalten können.

Vielleicht haben Sie herausgefunden, dass Humor eine große Stärke von Ihnen ist – doch im Job haben Sie eine völlig humorfreie Zone etabliert und versuchen, allen Kollegen und Vorgesetzten eher ernst zu begegnen. Wie könnten Sie Ihre Stärke aber trotzdem integrieren? Vielleicht, indem Sie anfangen, Ihre Präsentationen mit witzigen Cartoons zu illustrieren? Oder über den täglichen Wahnsinn auch mal einen Witz zu machen?

Noch mal zurück zu Katja Sander. Seit sie ihre Stärken kennt, hat sie einen Heidenspaß, sie zu nutzen, um Abkürzungen zu nehmen und das Leben insgesamt einfacher zu gestalten. Zum Beispiel die anstehende Gehaltsverhandlung. Früher hätte sie eine solche vollkommen gestresst, tagelang hätte sie darüber gegrübelt, wie man ein derartiges Gespräch geschickt führt, wann genau man über Geld spricht. Jetzt hat sie sich überlegt: Welches Projekt ist meinem Chef am allerwichtigsten? Sofort fiel ihr der Umbau des Sportgeschäfts ein. Der Auftraggeber lockt nicht mit dem größten Budget, aber ihr Arbeitgeber möchte sich stärker als Fachmann für innovativen Um- und Neubau von Ladengeschäften profilieren. Das war ihr nicht entgangen. In dem Verhandlungsgespräch wird sie damit einsteigen, ihrem Chef zu verstehen zu geben, dass sie mit diesem Kunden super zusammenarbeitet und der sie als wichtige Ansprechpartnerin schätzt. Katja ist sich ziemlich sicher, dass es nach diesen Überlegungen nicht mehr schwer sein wird, ihren Arbeitgeber davon zu überzeugen, dass sie eine wichtige Mitarbeiterin ist, die eine Gehaltserhöhung verdient hat.

Für die Suche nach den persönlichen Stärken und dem ganz eigenen Erfolgsrezept ist etwas detektivischer Spürsinn notwendig. Lassen Sie sich davon nicht entmutigen. Bringen Sie ihn auf, es lohnt sich. Der Coach Klaus L. Siefert hat daraus eine Methode entwickelt, um das eigene Talent zu entdecken und zu fördern. Er geht davon aus, dass jeder Mensch eine besondere, sehr individuelle Stärke hat: »In unserer Wahrnehmung geschehen alle von dieser Kraft beflügelten Dinge scheinbar ohne Anstrengung – und das schon ein Leben lang.«[34] Siefert weiß auch, warum wir trotzdem oft keine Ahnung von dieser Stärke in uns haben: »Mühelose Erfolge nehmen wir hin wie der Fisch das Wasser. Erst wenn wir mit der Nase darauf gestoßen werden, wird dieses Talent als Werkzeug verfügbar.«[35]

Charakterstärken gegen Stress

Seit einigen Jahren befassen sich Psychologen mit der Frage, was Menschen stark macht. Mal wird dieser Wissenschaftsbereich Glücksforschung genannt, dann wieder Charakterforschung. Wie auch immer, auf jeden Fall wurde dadurch herausgefunden, dass jeder von uns Eigenschaften hat, die uns vor Stress schützen. So weiß man inzwischen, dass Menschen, die Dankbarkeit empfinden können, wesentlich ausgeglichener sind und mit belastenden Lebensphasen besser umgehen können als jene, die das Gefühl haben: Dankbar sein? Wem und wofür denn? Offensichtlich führt das Gespür dafür, was einem schon alles Gutes passiert ist und welche Menschen einem geholfen haben, dazu, dass man generell gelassener und zuversichtlicher wird.[36]

Der Psychologe Willibald Ruch von der Universität Zürich hat herausgearbeitet, dass auch Neugier, Optimismus und Humor Eigenschaften von Menschen sind, die sich selbst als zufrieden und glücklich bezeichnen.[37] Aber warum gerade diese Eigenschaften? Neugier beinhaltet, dass man Neues erst einmal mit Interesse betrachtet und nicht sofort abwehrt. Eine neugierige Haltung hilft uns, Veränderungen im Leben mit einem gewissen Spaß anzupacken, statt vor allem die Last des Wandels zu spüren. Optimistische Menschen wiederum erwarten das Beste von einer Sache. Sie setzen sich aktiv dafür ein, dass das auch eintritt. Passives Hoffen, dass am Ende alles gut wird, gehört nicht zu ihrer Lebenseinstellung. Sie wollen nicht in einer Situation verharren, sondern aktiv Dinge in eine gute Richtung lenken.

Und zum Humor hat der Arzt und Kabarettist Eckart von Hirschhausen zwei schlaue Fragen formuliert: »Was wäre an der Situation komisch, wenn ich nicht selbst beteiligt wäre?« Und: »Wenn ich mir vorstellen kann, in einem Jahr darüber zu lachen – warum nicht gleich?«[38] Rufen Sie sich jene stressige Situation, die Sie zuletzt durchlebt haben, in Erinnerung. Können Sie sich vorstellen, in einem Jahr darüber zu lachen? Dann, wenn Sie sich entsinnen, wie Sie im Stau gestanden haben und vor lauter Ungeduld und Stress Ihrem Vordermann beinahe ins Heck gefahren sind? Oder wie im Meeting wieder alle versucht hatten, etwas Schlaues zu sagen?

Humor ist die Fähigkeit, mitten im Stress auch die lustige Seite des Lebens zu sehen. Das heißt nicht, dass man alles ins Lächerliche zieht. Nur ermöglicht uns der humorvolle Blick, ein wenig Abstand zu nehmen – und das allein senkt in vielen Situationen den Druck.

Neueste Untersuchungen haben gezeigt, dass man die Eigenschaften, die uns stark gegen Stress machen, auch trainieren kann. Übung macht offensichtlich den Stressmeister. »Wer die Stärken trainiert hatte, berichtete von gesteigertem Wohlbefinden«, fasst Willibald Ruch die Ergebnisse seiner Studie zusammen. »Dies äußerte sich beispielsweise darin, dass die Teilnehmenden heiterer und häufiger positiver Stimmung waren.«[39] Mentale Stärke funktioniert offensichtlich ähnlich wie körperliche Stärke. Man kann sie trainieren und dadurch einen »Anti-Stress-Muskel« aufbauen.

 *Training für den starken Charakter*

Mit den folgenden Übungen können Sie Charakterstärken wie Neugier, Optimismus und Humor intensivieren:

MEHR NEUGIER: Neugierige Menschen lieben es, neue Erfahrungen zu machen. Sie favorisieren die Abwechslung und entdecken in fast jeder Situation etwas, das sie interessant finden, weil sie es nicht kennen.

Aber wie kann man die Neugier fördern? Indem Sie Ungewohntes erleben. Besuchen Sie einen Vortrag über ein Thema, von dem Sie bisher nicht viel wissen. Oder gehen Sie zu einer Veranstaltung, die völlig Neues verspricht: die Show im Planetarium, eine Freiluftoper, eine Exkursion mit dem Naturschutzbund, der Stadtrundgang mit Obdachlosen.

Bei Belastungen gehen Sie innerlich einen Schritt zurück. Betrachten Sie Ihren Stress wie ein unbekanntes Wesen: Wodurch zeichnet es sich genau aus? Wie sieht es aus? Was macht es mit Ihnen? Was ist spannend an der Situation? Was vielleicht auch amüsant oder Stoff für eine gute Anekdote?

MEHR HOFFNUNG UND OPTIMISMUS: Zuversichtliche Menschen haben grundsätzlich eine positive Einstellung gegenüber der Zukunft. Sie gehen davon aus, dass sich am Ende vieles zum Guten wendet, und sie lassen sich dieses Denken auch nicht von Rückschlägen nehmen. Sie tun ihr Möglichstes, um ihre Ziele zu erreichen.

Und was können Sie in die Wege leiten, um mehr Zuversicht zu erlangen? Denken Sie an Ihre guten Seiten. Überlegen Sie, wann in Ihrem Leben durch Negatives etwas Positives entstanden ist. Alle kennen erschütternde Momente, eine Erkrankung, einen Verlust oder ein Scheitern, als es um die Verwirklichung eines Traums ging. Doch im Nachhinein betrachtet, hat sich erst durch dieses Ereignis eine andere Perspektive, eine neue Möglichkeit ergeben. Schreiben Sie auf, welche positiven Veränderungen in Ihrem Leben ihren Anfang in einer negativen Erfahrung hatten.

In Stresssituationen beherzigen Sie den Gedanken, dass man aktuell partout nicht sagen kann, wofür eine bestimmte Sache einmal gut sein wird – auch wenn wir sie im Augenblick einfach nur ätzend finden.

MEHR DANKBARKEIT: Dankbare Menschen sind sich der vielen positiven Dinge in ihrem Leben bewusst. Sie zeigen ihre Dankbarkeit ohne Scheu, zum Beispiel, wenn sie ein Geschenk erhalten oder Hilfe bekommen.

Auch Sie können mit ganz einfachen Tricks dankbarer werden. Notieren Sie eine Woche lang jeden Abend drei Sachen, die tagsüber gut gelaufen sind – und erklären Sie kurz, was die Gründe dafür waren. Sie können auch einen Dankesbrief an eine Person verfassen, die in Ihrem Dasein eine wichtige Rolle gespielt hat. Sie können den Brief bei sich behalten oder abschicken.

Verlieren Sie in Stresssituationen nicht aus dem Auge,

dass der Druck nur eine Facette in Ihrem Leben ist. Es gibt daneben viele Menschen, die Ihnen guttun, die Sie unterstützen.

MEHR HUMOR: Menschen mit Witz lachen gern und bringen auch andere zum Schmunzeln. In vielen Augenblicken können sie die amüsanten Seiten des Lebens sehen, und meist gelingt es ihnen, sogar in problematischen Situationen noch die humorige Seite zu entdecken. Das hilft ihnen, auch Schwierigkeiten nicht allzu ernst zu nehmen.

Was können Sie bewerkstelligen, um heitere Gelassenheit zu erlangen? Führen Sie ein kleines Humor-Tagebuch. Halten Sie darin eine Woche lang lustige Begebenheiten fest: die Frau mit dem absurd großen Hut. Ihre Chefs, die wie die Orgelpfeifen vor Ihnen standen. Der Zugschaffner, der plötzlich über Lautsprecher für alle Mitreisenden einen Witz machte. Machen Sie es sich zur Angewohnheit, in stressigen Situationen zu überlegen: Könnte ich über diese Geschehnisse mit etwas Abstand auch lachen? Diese Erkenntnis erleichtert es uns in den meisten Fällen, bereits in der momentanen Situation etwas Abstand zu gewinnen.

4 Erkennen Sie Ihre persönlichen Stressfallen

Vierter Schritt
Wie Sie typische Stressmuster verstehen
und verändern

Freundinnenabend: Es wird über Männer gesprochen, die man absolut toll findet. Eine halbe Stunde lang diskutieren alle bei Wein und Erdnüssen hin und her, ob es nun ein dreitagebärtiger Brad Pitt für Arme ist, der ihnen den Verstand raubt, oder eher ein verrückter, gut aussehender Künstlertyp wie Johnny Depp. Oder vielleicht doch, ganz anders, ein eher unnahbarer Charmeur wie George Clooney. Dass all diese Filmstars attraktiv sind, ist klar. Aber unabhängig davon ist es letztlich bei jeder ein anderer Typ Mann, der bei ihnen den Schalter umlegt und sie dahinschmelzen lässt. Es ist also höchst individuell, wann und wie wir in Sachen Männer schwach werden. Und mit dem Stress ist es letztlich genauso.

Oberflächlich betrachtet, sind wir alle gleich entnervt von viel Zeitdruck, Hektik oder einer harschen Ansprache. Aber wenn wir anfangen, mit unseren Freundinnen über die Momente im Job zu reden, die uns so gestresst haben, dass wir noch Wochen später aufgeregt sind, wenn wir nur daran denken, dann erzählt jede Frau eine andere Geschichte. Während die eine es belastend findet, wenn sie einen Fehler gemacht hat und dafür von der Chefin kritisiert wird, ist eine andere fix und fertig, weil seit Wochen keine Entscheidung getroffen wurde, ob sie an ihrem Herzensprojekt weiterarbeiten darf oder ob es gekippt wird. Und für eine Dritte ist nicht nur der Tag, sondern die ganze Woche gelaufen, wenn sie sich mit ihrer Lieblingskollegin gefetzt hat, mit der sie normalerweise eng zusammenarbeitet.

Warum sind die Situationen, auf die wir allergisch reagieren, so unterschiedlich? Eigentlich liegt die Antwort auf der Hand. Jeder Mensch ist anders. Und jeder trägt andere Ängste und Konflikte mit sich herum, die ihn ständig begleiten. Diese speziellen Prägungen sind eine Art Grundmuster, mit dem wir auf alle Lebenslagen reagieren. Da zeigt sich dann schnell, dass manche Stresssituationen mehr als andere unsere wunden Punkte treffen und einen ganz persönlichen Stressfilm bei uns auslösen. So wird zum Beispiel eine Sachbearbeiterin, die sehr auf Harmonie bedacht ist und sich immer wieder dafür einsetzt, dass das Klima im Team gut ist, betroffen sein und vielleicht sogar verstört, wenn unter den Kollegen auf einmal Machtkämpfe und Unstimmigkeiten vorherrschen. Denn Menschen, die sehr stark nach Einvernehmen streben, macht es latent Angst, wenn die Stimmung in der Gruppe schlecht ist. Während die anderen trotz dicker Luft halbwegs entspannt weiterarbeiten, fühlt sich die Harmoniebedürftige beunruhigt – und kann sich nur noch mit halber Kraft auf ihre Aufgaben konzentrieren. Dagegen bleibt sie komplett gelassen, wenn das Team unter Hochdruck ein Projekt beenden muss. Sie ist dann in ihrem Element. Weil es für sie nichts Schöneres gibt, als im Bob-der-Baumeister-Modus mit allen anderen ein Problem zu schultern und sich über die gute Zusammenarbeit zu freuen. Die Teamspielerin bekommt in solchen Situationen sogar noch einen zusätzlichen Energieschub – und die gestressten Kollegen wundern sich, wie sie bei so viel Druck so unglaublich gelassen bleiben kann.

Je nach Persönlichkeitstyp haben wir also unterschiedliche Stresstrigger, auf die wir anspringen. Aber woran merken wir, dass unser persönliches Stressmuster in Gang gesetzt wurde? Es existiert eine einfache Faustregel: Immer, wenn in einer Situation plötzlich alle Energie aus Ihnen entweicht wie Luft aus einem Ballon, sind Sie wahrscheinlich an einen Ihrer Energietrigger geraten. Dann lohnt es sich, die Szene noch einmal in Zeitlupe abzuspulen und nachzuvollziehen, was da gerade passierte. Wenn wir besser verstehen, an welcher Stelle es kippte, lernen wir uns und unser Stressmuster besser kennen. Und wenn wir uns eine Weile damit beschäftigen, entdecken wir nach und nach, dass es im Grunde stets die gleichen Umstände sind, die dazu führen, dass wir uns gekränkt, wütend und angreifbar fühlen. Oft wird uns überhaupt erst bewusst, wie sehr uns bestimmte Situationen treffen, wenn wir anfangen, uns bewusst mit ihnen auseinanderzusetzen.

Gerade weil die individuellen Stressmuster so viel Energie kosten und uns meist kalt und unvorbereitet erwischen, lohnt es sich, sie zu orten. Das sagt der Mainzer Mediziner und Stressexperte Jörg-Peter Schröder, der zahlreiche Firmen beim betrieblichen Gesundheitsmanagement berät. Für ihn ist das auch die allerbeste Burn-out-Prävention. In seiner Arbeit hat er immer wieder festgestellt, dass wir uns im Job oder in der Familie nur dann ernsthaft erschöpfen, wenn dauerhaft ein persönlicher Stressschwachpunkt angetriggert wird – und wir nicht verstehen, was los ist. Allein durch das Bewusstwerden der eigenen Muster werde der Stress häufig weniger. Noch mehr kann aber erreicht werden, wenn wir gezielt einen Umgang mit unseren wunden Punkten finden. Auf diese Weise ist es möglich, mancher Stresshürde sogar schon im Vorfeld auszuweichen und Klippen, die auf einen zukommen, besser zu umschiffen. Auf Kollisionskurs gelangen wir dagegen, wenn wir völlig unbewusst in ein persönliches Stress-Minenfeld geraten.

In extremer Form hat das die Qualitätsmanagerin Liane Schaffner erlebt, die seit über zehn Jahren bei einem mittelständischen Textilunternehmen im Raum Frankfurt arbeitet. Die hübsche, dunkelhaarige Frau, Mutter von zwei Kindern, war energisch und belastbar und hatte ihre Position in der Firma immer hervorragend ausgefüllt, mit viel Spaß an der Arbeit – bis der alte Chef in den Ruhestand ging und sein Sohn das Ruder übernahm. Der Senior, ein typischer Mittelständler der früheren Generation, hart, aber herzlich, fordernd, aber zugewandt, hatte Liane damals eingestellt und ihrer Arbeit immer viel Respekt und Aufmerksamkeit entgegengebracht. Beim neuen Chef war das Klima von Anfang an spürbar anders: Von ihm fühlte sich Liane kontrolliert, kritisiert, unter Druck gesetzt. Lob gab es gar nicht mehr, dafür viele Extratermine. Innerhalb von wenigen Monaten merkte sie, dass ihr das alles sehr zusetzte. Morgens fuhr sie mit Bauchschmerzen zur Arbeit, und abends trank sie zur Entspannung öfter mal ein Glas Wein zu viel. Sie mied den Junior, wann immer es möglich erschien, und war verstimmt, wenn er ihr eine Anweisung gab. »Ich hätte den Schnösel umbringen können«, sagt Schaffner rückblickend. Aber weil das natürlich keine Lösung war, versuchte die Managerin ihrem Stress auf den Grund zu gehen.

Zunächst fragte sie Arbeitskollegen, denen sie vertraute, wie sie mit dem neuen Chef zurechtkamen. Es stellte sich heraus, dass die anderen dem Senior zwar ein wenig nachtrauerten, mit dem Junior aber doch ein halbwegs gutes Verhältnis hatten. Ein Unmensch, das wurde Schaffner bei der kleinen Umfrage schnell klar, war der Neue nicht. Er war nur viel nüchterner, kritischer, ein Mann der Zahlen. Weil sich Liane Schaffners Stress mit dem »herzlosen Monster« jedoch immer mehr verstärkte, suchte sie nach einigen Monaten einen Coach auf, bei dem sie aus beruflichen Gründen schon ein paarmal gewesen war.

Mit seiner Hilfe fand sie heraus, warum sie der neue Chef so fertigmachte. Ihr fehlten das Wohlwollen und das Lob, das der Senior ihr gegenüber häufiger geäußert hatte, fast wie ein liebevoller Vater. Im Coaching stellte sich auch heraus, dass sie es nur schwer erträgt, wenn sie kritisiert wird, vor allem, wenn sie selbst ihr Bestes gegeben hat – und sie erkannte an dieser Stelle ein Kindheitsmuster. Ihr eigener Vater hatte ihre Schulnoten oft unpersönlich und zynisch kommentiert, insbesondere ihre mangelnden Kenntnisse in Mathematik und Physik. Wenn er eines seiner harten Urteile aussprach, hatte sie sich immer schwach gefühlt. Manchmal, wenn der Vater ihr bei den Hausaufgaben helfen sollte, hatte sein strenger Ton sogar zu Blackouts geführt. Nichts anderes lief jetzt mit dem neuen Chef ab: Er argumentierte in dem gleichen nüchternen, manchmal sarkastischen Ton, den Liane Schaffner von ihrem Vater kannte.

Als die Managerin das Dilemma verstanden hatte, in dem sie steckte, wurde es besser. Sie versuchte ihre Gefühle und Reaktionen als ein altes Muster zu sehen, wurde sich darüber klar, dass sachliche Kritik bei ihr Unsicherheit und Leistungsdruck hervorrufen, da sie diese als Angriff empfand. Im Coaching übte sie ein paar gezielte Strategien zum Umgang mit Beurteilungen ein – und fühlte sich den Äußerungen ihres jetzigen Chefs bald besser gewachsen. Der Mega-Stress, der sich in wenigen Wochen entwickelt hatte, fiel nach und nach von ihr ab. Liane Schaffner hat weiterhin Stress in ihrem Job und durch den Führungsstil des Juniors weiterhin mehr Druck als früher, aber all das macht sie heute nicht mehr völlig fertig.

Zugegeben, der Wechsel von einem gelassenen Arbeiten hin zu einem Schleudergang der Gefühle ist bei Liane Schaffner extrem gewesen, dadurch fiel es ihr auch leicht, die Gründe für ihre Stressreaktion zu finden. Nicht immer wissen wir so treffsicher, was uns im Job oder privat umhaut oder belastet. Dennoch: Wir alle haben einen wunden Punkt, der schmerzt und uns lähmt, wenn er getroffen wird. Meist suchen wir uns übrigens unbewusst ein Umfeld, in dem wir kaum Risiken eingehen, dass unsere Stress-Achillesferse getroffen wird. Erst wenn in der sicheren Umgebung größere Veränderungen stattfinden, wenn zum Beispiel im Job Umstrukturierungen oder ein Stellenabbau anstehen, wenn man mit einem neuen Vorgesetzten oder einem neuen Team konfrontiert wird, meldet sich der Stress wieder, der bis dahin im Verborgenen latent auf der Lauer gelegen hatte. Es lohnt sich also, bei den eigenen

Stressmustern ein bisschen tiefer zu forschen. Denn wenn wir sie besser durchschauen, können wir sie gelassener handhaben.

Die vier Stresstypen – so erkennen Sie Ihr Muster

Sie würden Ihr eigenes Stressmuster gern besser verstehen, wissen aber nicht, wie Sie das anstellen sollen? Auch wenn jeder von uns auf andere Stressreize allergisch reagiert, so gibt es bei den prägenden Mustern doch Grundtypen, noch dazu in einer überschaubaren Anzahl. Burn-out-Experten haben versucht, Stresstypen zu extrahieren, so hat zum Beispiel die New Yorker Ärztin Roberta Lee fünf Stressmuster ausgemacht, ermittelt durch einen Test, den sie mit ihren Patienten im Beth Israel Hospital durchgeführt hat.[40] Und der Mediziner Jörg-Peter Schröder hat wiederum vier Typen analysiert, die bei ihm auf die Persönlichkeitsmuster des Schweizer Psychiaters Carl Gustav Jung zurückgehen.[41]

Für unsere eigenen Coachings und Seminare haben wir aus beiden Konzepten eine vereinfachte und griffige Version von vier Stresstypen entwickelt. Dabei beginnen wir mit einer Zusammenfassung des Typs. Schon beim ersten Lesen bekommen Sie dort bereits ein Gefühl dafür, ob Sie mit dem Persönlichkeitstyp etwas anfangen können oder eher nicht. Im Anschluss gehen Sie die Checkliste zum jeweiligen Typ durch. Zücken Sie einen Bleistift, und kreuzen Sie an, welche Punkte auf Sie zutreffen. Wenn Sie bei einem Typ vier oder mehr Situationen angestrichen haben, sind Sie auf ein Stressmuster gestoßen.

Jeder Mensch hat meist zwei Stresstypen, mit denen er etwas anfangen kann. Also: Wenn Sie zwei wunde Punkte haben, ist das völlig okay. Und noch ein Hinweis: Natürlich werden Sie auch bei den anderen Typen ein oder zwei Punkte ankreuzen. Aber eine Häufung finden Sie nur da, wo Sie wirklich anfällig sind.

Typ eins – die kreative Chaotin

Sie ist immer fünf Minuten zu spät und hat sich stets fünf Projekte zu viel aufgehalst. Der Stress ist dabei zum Teil hausgemacht. Pufferzonen? – Gibt es beim Rangieren von Güterzügen. Pausen? – Sind was für Leute mit Beamtenmentalität. Im Grunde ist die kreative Chaotin sehr belastbar, verhebt sich aber schnell mit Arbeitsaufträgen und unterschätzt notorisch den benötigten Zeitaufwand. Euphorisch schreit sie: »Ja, mach ich!«, wenn sie etwas interessiert – und droht dann in der Arbeitsflut zu versinken wie ein überladener Bananendampfer.

Da sie eine Enthusiastin ist und mit Herz und ein wenig Selbstüberschätzung die Sachen angeht, trifft es sie besonders hart, wenn jemand anderes ein spannendes Projekt macht, bei dem sie selbst gern mitgemischt hätte. Außerdem fällt es Frauen dieses Typs schwer, sich längere Zeit ausschließlich mit Tätigkeiten zu befassen, die wenig fordernd und abwechslungsreich sind. Aktenablage, Haushaltpflichten, Projektdokumentation – davon sind kreative Chaotinnen schnell genervt. Andere empfinden sie daher als ein bisschen schlampig. Der Grund für die

Ungeduld bei Fleißarbeiten liegt aber woanders: Der Antrieb von kreativen Chaotinnen ist ihr Streben nach Freiheit und Unabhängigkeit. Überall und insbesondere im Job. Je zwingender also die Termine sind, je weniger Schlupflöcher bleiben, desto übellauniger und angespannter werden sie. Wenn der Abgabetermin dann geschafft ist, geht es ihnen gleich besser: Jetzt ist die Welt wieder bunt, und man kann neue Dinge anschieben. Wunderbar – bis zum nächsten Engpass!

Sie sind eine kreative Chaotin, wenn Ihnen diese Stresssituationen besonders zu schaffen machen:

• Egal wie viel Stress Sie schon haben, wenn man Ihnen ein interessantes Projekt anbietet, überlegen Sie hin und her, wie Sie es noch in den engen Plan quetschen können.
• Wenn Sie einen Job erledigt haben, interessiert es Sie nicht mehr, noch weiter darüber zu reden. Sie wollen mit dem nächsten Projekt durchstarten.
• Wenn Sie sich im Job wochenlang nur auf eine einzige Sache konzentrieren sollen, fühlen Sie sich oft müde, gegängelt und niedergeschlagen.
• Wenn jemand Ihre Ideen kritisiert oder Ihr Lieblingsprojekt gekippt wird, sind Sie davon sehr getroffen.
• Wenn Sie in einer Umgebung arbeiten, wo man pünktlich und sehr korrekt sein muss, nicht herumspinnen und querdenken darf, geraten Sie unter Druck.
• Ihre Kollegin setzt sich mit ihren Ideen im Team durch, Sie selbst fühlen sich mit Ihren Einfällen nicht wahrgenommen – das kann Sie fertigmachen.

- Ihre größte Angst: Wenn man Sie in eine Abteilung versetzt, in der Sie vor allem Routinetätigkeiten ausführen müssten.

Typ zwei – die Kämpferin

Sie fegt wie Jeanne d'Arc durch die Büroflure, sagt sogar der Chefin die Meinung, wenn sie sich schlecht behandelt fühlt. Auch wenn ihr das ein anerkennendes Raunen bei Kollegen einbringt, ihre Beweggründe sind oft nicht ganz so revolutionär. Denn: Die Kämpferin hat ein großes Kontrollbedürfnis. Wenn es mal nicht nach ihrer Nase geht, flippt sie aus. Mit ihrer Wut versucht sie sich zu wehren, will sie doch nicht überrannt oder übervorteilt werden. Dass sie selbst recht enge Vorstellungen hat, wie Dinge laufen sollen, und über die Leistungen von Kollegen so gnadenlos urteilt wie eine Linienrichterin bei den Olympischen Spielen, entgeht ihr völlig. Ihr Hauptproblem: Sie eckt schnell an. Und nicht selten fällt es ihr nach Konfrontationen schwer, überhaupt wieder herunterzukommen. Häufig ärgert sie sich über die Situation noch Wochen später.

Generell fällt es ihr nicht leicht zu vertrauen und zu verzeihen. Ob Kollegen, Vorgesetzte oder flüchtige Bekannte – wer einmal unten durch ist, hat kaum Chancen, wieder von ihr akzeptiert zu werden.

Die Krux: Eigentlich treibt die Kämpferin ein ausgeprägter Gerechtigkeitssinn. Nur sind die Gefühle, die mit dem Kampfgeist einhergehen, vielfach so heftig, dass sie im normalen Großraumbüro wenig Platz haben. Verstecken geht aber auch nicht. Dieses Hin und Her der Emotionen kostet eine Menge Kraft.

Sie sind eine Kämpferin, wenn Ihnen diese Stresssituationen besonders zu schaffen machen:

- Sie werden für einen Fehler kritisiert, den Sie gar nicht gemacht haben – das regt Sie maßlos auf.
- Ein autoritärer, zackiger Chef, der sich fast nie kollegial verhält, ist für Sie ein Graus.
- Wenn im Job oder Freundeskreis Verabredungen nicht eingehalten oder Versprechen gebrochen werden, macht Sie das lange Zeit wütend.
- Ungerechtigkeiten beschäftigen Sie, sogar wenn sie nicht im eigenen Team, sondern fünf Flure weiter passieren. Sie überlegen dann, wie Sie sich dort einsetzen können.
- Ihre Chefin will heute dieses und morgen das. Das macht Sie wahnsinnig: Wie soll man arbeiten, wenn ständig Ziele verändert werden?
- Der Kollege hat Sie bei einer Präsentation hängen lassen. Jetzt wissen Sie nicht, wie Sie sich je wieder auf ihn verlassen sollen.
- In der Abteilung gibt es einige Leute, von deren Kompetenzen Sie nicht viel halten. Es kostet Sie eine Menge Energie, die Leute das nicht ständig spüren zu lassen.

Typ drei – die Leistungsträgerin

Sie macht noch weiter, wenn andere erschöpft in den Pausenraum abziehen, denn für sie ist das Arbeitsleben eine einzige Herausforderung. Klar, sie hat auch Spaß an ihrer Tätigkeit, übernimmt oft selbst gern einen Chefposten, ist für die anderen schnell der Fels in der Brandung. Trotzdem: Auch wenn sie so tut, als sei der Job eine einzige

Spielwiese, ihr innerer Antrieb ist ein starker Wille zur Leistung. Das ausgeprägte Arbeitsethos geht oft auf ein ehrgeiziges, leistungsorientiertes Elternhaus zurück. Leistungsträgerinnen haben schon als Schülerinnen verinnerlicht, dass erst die Arbeit kommt und dann das Vergnügen, dass man immer noch zehn Prozent mehr Einsatz bringen kann, als man vorher geglaubt hat. Im Job haben Arbeitstiere mit dieser Einstellung natürlich nur wenig Probleme, eher laufen sie Gefahr, ihr Privatleben zu vernachlässigen.

Einen wunden Punkt gibt es aber auch bei sehr arbeitsamen Frauen. Wenn sie das Gefühl haben, dass ein Vorhaben trotz großen Einsatzes schiefgeht, fallen sie oft in ein tiefes Loch. Sie fühlen sich machtlos und wertlos und geben sich selbst die Schuld, wenn eine Abteilung geschlossen wird, ein Projekt rote Zahlen einfährt. Zu Unrecht! Denn bei den wirtschaftlichen Entwicklungen der letzten Jahrzehnte erleben sogar Top-Mitarbeiter oder -Führungskräfte immer wieder Niederlagen, werden versetzt oder müssen sich einen neuen Arbeitsplatz suchen.

Sie sind eine Leistungsträgerin, wenn Ihnen diese Stresssituationen besonders zu schaffen machen:

• Staus auf der Autobahn, Schlangen an der Supermarktkasse – wenn jemand Sie aufhält, werden Sie schnell sehr ungeduldig.
• Sie haben im Team alles gegeben, trotzdem wird das Projekt ein Misserfolg. Sie grübeln noch wochenlang darüber, wie das passieren konnte.

- Wenn eine Vorgesetzte, von der Sie sehr viel halten, Sie kritisiert, suchen Sie krampfhaft nach einer Möglichkeit, das wieder wettzumachen.
- Obwohl Sie gute Arbeit leisten und auch oft gelobt werden, haben Sie schon bei geringsten Fehlern Angst, man könnte Sie aus der Firma schmeißen.
- Wenn Ihr Boss Ihnen sagt, dass Sie die Einzige sind, die dieses Projekt stemmen kann, geben Sie alles.
- Sind alle wichtigen Termine geschafft und Sie haben ein paar Tage nicht viel zu tun, fühlen Sie sich häufig unnütz.
- Sie haben so viel auf dem Zettel, dass Sie dringend Aufgaben delegieren müssten. Aber Sie erledigen sie dann doch lieber selbst – weil Sie nicht wissen, ob die anderen das so können, wie Sie es machen würden.

Typ vier – die Beziehungsarbeiterin

Dabei sein ist alles. Die Beziehungsarbeiterin will zum Team gehören, zur Gemeinschaft. Dementsprechend schwer nimmt sie es, wenn jemand sie kritisiert. Wenn die Chefin oder die Lieblingskollegin eine Nanosekunde lang an ihrer Kompetenz zweifeln, kann sie den ganzen Tag nicht mehr richtig arbeiten, macht sich Sorgen, malt sich Katastrophen aus. Der Grund: Kontakt, Anerkennung und ein positives Gefühl zu anderen sind ihr übermäßig wichtig. Die gute Nachricht: Solange das Team harmonisch ist, kann reiner Zeitdruck der Beziehungsarbeiterin nichts anhaben. Herrscht im Großraumbüro aber eine Stimmung wie im Dschungelcamp, kommt sie nicht mehr mit. Sie ist dann ängstlich und auf der Hut und kann sich nur noch schwer konzentrieren. Ihre Furcht, nicht gemocht oder, schlimmer noch, aus dem Team ausgestoßen zu werden, nimmt ihr dann alle Energie. Und das sogar, wenn die Befürchtungen völlig unbegründet sind.

Sie sind eine Beziehungsarbeiterin, wenn Ihnen diese Stresssituationen besonders zu schaffen machen:

- Eine neue Chefin stellt sich vor, die das Team mit strengem, aber konstruktivem Feedback zu Höchstleistungen bringen will – für Sie ist das eine Horrorvorstellung.
- Auch wenn Sie es nicht gern zugeben: Wenn die Kolleginnen mittags zum Essen gehen, ohne Ihnen Bescheid zu sagen, kann Ihnen das echt die Laune verderben.
- Es geht Ihnen ziemlich nah, wenn die Stimmung im Team mies und feindselig ist.
- Streit und Interessenkonflikte mit anderen, egal ob im Job oder privat, machen Sie oft tagelang fertig.
- Wenn jemand Sie beleidigt, neckt, aufzieht und dabei einen wunden Punkt erwischt, erholen Sie sich oft erst nach Stunden davon.
- Die Kollegin wird von der Chefin bevorzugt behandelt oder ist beliebter – wenn Sie nur kleine Verdachtsmomente in diese Richtung haben, beunruhigt Sie das.
- Mitarbeiter oder Bekannte sollten Ihnen ab und zu das Gefühl geben, dass sie Sie mögen. Sonst fühlen Sie sich im Kontakt nicht sicher.

Jetzt haben Sie vier Stresstypen kennengelernt und können wahrscheinlich schon besser einschätzen, welche Belastungsmuster für Sie relevant sind und welche weniger. Was

Ihnen das bringt? Wenn wir uns der eigenen Reaktions-muster bewusster werden, können wir viel genauer ein-schätzen, dass unsere Wahrnehmungen und die damit ver-bundenen Gefühle relativ sind. Wir begreifen: Mitmenschen empfinden in identischen Situationen anders. Wir könn-ten also versuchen, sie auch mal unter einer neuen Perspek-tive zu sehen. Geht beispielsweise eine Leistungsträgerin davon aus, ein kleiner Fehler würde ihre Karriere ruinieren, reicht manchmal ein Seitenblick auf die Kollegin, eine kre-ative Chaotin, die über Pleiten, Pech und Pannen stets mit Nonchalance und Charme hinweggeht.

Wir haben also immer mehrere Handlungsmöglichkei-ten. Und mit diesem Wissen können wir experimentieren. Sehen Sie in typischen Drucksituationen demnächst ge-nauer hin, wie und wann die Stressfalle bei Ihnen zu-schnappt und wie Kollegen und Freunde das Problem lö-sen. Vielleicht können Sie es den anderen nachmachen oder die »inneren Filme« zumindest teilweise entschärfen.

Wie man das eigene Stressmuster dauerhaft verändern kann, zeigen wir Ihnen im nächsten Kapitel, in dem es um Achtsamkeit geht. Zuvor aber einige Erste-Hilfe-Strate-gien, die Sie umsetzen können, um den Stress ab sofort zu reduzieren.

Weniger Stress für jeden Typ

Um Stress effektiv zu verringern, gibt es für jeden Typus vier praktische Tipps, bei denen Sie ansetzen können. Vor ihrer Auflistung noch ein Hinweis: Lesen Sie sich die Tipps für die Typen durch, für die Sie sich anhand Ihres eigenen Stressmusters entschieden haben, und versuchen Sie, zumindest zwei dieser jeweils vier Strategien ab jetzt und für immer zu beherzigen. Sie werden merken, wie sich allein dadurch schon sehr viel in Ihnen entspannt. Greifen Sie sich auf jeden Fall einen Punkt heraus, vor dem Sie etwas Unbehagen verspüren oder bei dem Sie denken, dass er unmöglich durchzuführen ist. Der amerikanische Unternehmer und Bestsellerautor Tim Ferriss hat zum Beispiel seinen Lesern geraten, jeden Tag eine Sache zu machen, vor der man Angst hat. Der Grund: »... man fühlt sich im Leben erfolgreicher, wenn man das tut, wovor man sich fürchtet.«[42] Das sei übrigens nicht nur ein Weg zum Erfolg, so Ferriss weiter, sondern auch zu mehr Gelassenheit.

Vier Sofort-Tipps für kreative Chaotinnen

Kleine Fluchten. Sie brauchen Mini-Breaks im Job nötiger als alle anderen Typen. Bauen Sie täglich mindestens drei kleine Pausen von zehn Minuten in Ihre Arbeitsstunden ein. Wenn möglich, versuchen Sie wenigstens zweimal in der Woche eine etwas längere Pause einzuhalten: Gehen

Sie in der Mittagspause in einen Secondhandladen, in die Zoohandlung um die Ecke oder in ein plüschiges Café. Wenn Sie aus der Pause eine kleine Flucht machen, fühlen Sie sich frei und erfrischt.

Stopp sagen. Gewöhnen Sie sich allzu spontane Entscheidungen bei Anfragen komplett ab. Sagen Sie Projekten oder Extraaufgaben immer erst nach einer Bedenkzeit von ein oder zwei Stunden zu. Prüfen Sie kritisch, ob Sie es schaffen können. Seien Sie realistisch. Lehnen Sie die Option ab, wenn sie partout nicht passt. Wenn Sie nicht wissen, wie Sie sich in einem Telefongespräch einen Puffer schaffen können, probieren Sie es mit einem Standardsatz: »Ich muss kurz meine Termine checken, ob es klappt oder nicht. Ich rufe Sie später wieder an.« Das versteht jeder!

Nachdenken. Ist das Angebot sehr verlockend, wollen Sie es wahrscheinlich annehmen, egal wie katastrophal eng Ihr Zeitplan ist. Reden Sie unbedingt mit einer vertrauten Person darüber, ob das Projekt in die Kategorie »So eine Chance kommt nie wieder« fällt – oder ob Sie einfach die Offerte absagen und sich drauf freuen, wenn bald die nächste Herausforderung dieser Art an Sie herangetragen wird.

Rumspinnen. Beginnen Sie den Arbeitstag so: Setzen Sie sich mit einem leeren Blatt Papier an Ihren Schreibtisch und lassen Sie zehn Minuten Ihre Gedanken treiben. Schreiben Sie neue Ideen auf, spinnen Sie bereits angefangene Pläne weiter. Experimentieren Sie in Ihrer Vorstellung. So haben Sie schon morgens das Gefühl, etwas getan zu haben, was Sie gut können und was Ihnen wichtig ist.

Vier Sofort-Tipps für Kämpferinnen

Nachsicht. Sie sind jemand, der es gern korrekt hat: Termine sollen eingehalten, Treffen nicht abgesagt werden. Die meisten Menschen sind da allerdings nicht so zuverlässig wie Sie und werden es auch nie sein. Also: Ärgern Sie sich nicht zu sehr. Versuchen Sie bewusst einen Schritt zurückzugehen, durchzuatmen, sich klarzumachen, dass die Absage nicht persönlich gemeint ist. Es erspart Ihnen eine Menge Wut!

Klinken Sie sich aus. Sie sind ein Mensch, der andere, aber auch sich selbst stark bewertet. Das soziale Miteinander wird Ihnen aus diesem Grund manchmal zu viel. Klinken Sie sich ruhig mal tageweise ins Home-Office aus oder gehen auf Dienstreise, falls das möglich ist. Denn ein bisschen Teilzeit-Einzelgängertum tut Ihnen gut.

Eigenlob. Sie sind kritisch zu anderen – und zu sich selbst. Ändern Sie das. Schreiben Sie jeden Morgen vor der Arbeit drei Sachen auf, die Sie gut gemacht haben. Und drei Sachen, die Sie an Ihrer Arbeit und Ihren Kollegen mögen. So wird Ihr Blick im Alltag ein wenig milder.

Wertsteigerung. Sie stehen für Ihre Werte und Prinzipien ein. Falls Sie das im Job nicht optimal ausleben können, suchen Sie im privaten Bereich Möglichkeiten, Werte umzusetzen, die Ihnen wichtig sind, zum Beispiel mit einem Ehrenamt oder einer Spendenaktion. Sie brauchen so ein Engagement mehr als alle anderen für Ihr seelisches Gleichgewicht!

Vier Sofort-Tipps für Leistungsträgerinnen

Fehleranalyse. Sie sind eine Perfektionistin und haben Angst, Fehler zu verursachen. Deshalb: Nehmen Sie sich die Zeit, und schreiben Sie fünf Fehler auf, die Sie in den letzten zwölf Monaten gemacht haben. Halten Sie fest, was Sie dachten, als Sie den jeweiligen Fehler bemerkten. Was hatten Sie sich ausgemalt, was passieren würde? Und notieren Sie auch, was wirklich geschehen ist. War es so schlimm? Nein? Na eben. Wiederholen Sie den Fehler-Check alle paar Monate.

Weitergeben! Delegieren Sie Aufgaben, die zu viel Zeit kosten, an andere – Sie wollen ohnehin hoch hinaus und werden das Übertragen von Tätigkeiten als Führungskraft noch brauchen. Wenn Sie im Job nicht vorpreschen wollen: eine Putzhilfe zu Hause wäre auch ein Anfang.

Kombi-Pack. Sie sind pragmatisch, also nutzen Sie das für Ihre Erholung: Fahren Sie mit dem Fahrrad zur Arbeit, joggen Sie in der Mittagspause. Solche Sachen halten Sie super durch. Denn Sie lieben Effizienz!

Mit Gefühl bitte. Sie hassen Niederlagen. Nach der nächsten großen Schlappe gönnen Sie sich dennoch ein oder zwei Trauertage mit Heulen oder einem dumpfen Abhängen. So verarbeiten Sie das Scheitern und schleppen diesbezügliche Gedanken nicht zu lange mit sich herum. Um Misserfolge besser auszuhalten, machen Sie sich klar, dass erfolgreiche Menschen mehr Fehlschläge erleben als andere. Wer das Gegenteil behauptet, lügt.

Vier Sofort-Tipps für Beziehungsarbeiterinnen

Nein-Sagen bei Kleinkram. Tendenziell sind Sie eine Ja-Sagerin. Wenn andere Sie um etwas bitten, sei es, dass Sie einen Kuchen backen oder zehn Minuten Zeit für ein Gespräch erübrigen sollen, geben Sie fast automatisch zu verstehen: »Kein Problem.« Ersetzen Sie diese Bemerkung ab jetzt durch den Satz: »Heute nicht, nächstes Mal.« So schaffen Sie sich Luft. (Mehr Tipps zum Nein-Sagen-Lernen in Kapitel acht.)

Abschotten, Teil eins. Wenn im Team oder in der Abteilung die Stimmung schlecht ist, belastet Sie das mehr als andere. Lenkt Sie die Situation vom Arbeiten ab, ignorieren Sie bewusst die Gespräche und Aktionen im Hintergrund, die mit der miesen Laune zu tun haben. Rüsten Sie sich mit iPod und Ohrstöpseln aus – das bringt Sie innerlich zur Ruhe und weg vom »sozialen Rauschen«.

Abschotten, Teil zwei. Wahrscheinlich lieben Sie Portale wie Facebook & Co. Denn Kontakt gefällt Ihnen einfach. Sie sollten aber höchstens einmal am Tag auf diese Internet-Plattformen gehen, ebenso sollten Sie in Ihr berufliches E-Mail-Postfach, wenn möglich, nur im Ein- bis Zweistundentakt hineinschauen – sonst macht Sie der ständige Eingang von neuen Posts und E-Mails wahnsinnig. Weiterhin hilft: Klingeltöne für einlaufende E-Mails unbedingt abstellen, das versetzt Menschen wie Sie in permanente Alarmbereitschaft.

Gezieltes Teamspiel. Im Austausch mit anderen Menschen haben Sie viele gute Ideen, aber Sie lassen sich zu oft auf ausufernde Besprechungen und Kontakte ein. Versuchen Sie, kürzer und knapper zu werden. Setzen Sie zehn Minuten als Limit für ein gemeinsames Brainstorming mit Kollegen oder für ein beiläufiges Gespräch mit Bekannten. Wenn Sie gezielter und sachbezogener kommunizieren, grenzen Sie sich automatisch mehr ab.

Ein Flirt mit dem Desaster

Mit der folgenden Übung können Sie weiter Ihr Verständnis für Ihr eigenes Stressmuster vertiefen, mit ihr starten Sie eine Art Tauchgang. In der Tiefe, bei unseren Ängsten, liegt meist die Antwort, warum wir in manchen Situationen so extrem reagieren und in anderen dagegen völlig cool bleiben.

Sie sind kein Tauchfan und fürchten sich vor tiefen Gewässern? Keine Sorge. Sie können die Übung auch überspringen, wenn Sie die Dinge lieber praktisch lösen. Für Frauen, die gern reflektieren, analysieren und den Dingen auf den Grund gehen, kann diese Übung jedoch sehr hilfreich sein:

REIN IN DIE KATASTROPHE: Nehmen Sie ein Blatt Papier und einen Stift und schreiben Sie eine Situation auf, die Sie ungewöhnlich gestresst und lange verfolgt hat und die in Ihr persönliches Muster fällt. Angenommen, Ihre Vorgesetzte hat Sie vor einigen Wochen vor versammelter Mannschaft kritisiert. Schreiben Sie alle Gedanken auf, die Sie sich danach gemacht haben: Sie wird mich rausschmeißen, sie wird mich ab jetzt jeden Tag lächerlich machen, alle werden mich hassen etc. Übertreiben Sie und notieren Sie das schlimmste Szenario, das Sie sich vorstellen können. Steigern Sie sich also richtig in die Katastrophe hinein: Sie wurden wirklich gefeuert. Was nun? Werden Sie alle Freunde verlieren, landen Sie auf der Straße, werden Sie krank? Auch wenn es seltsam klingt – laufen Sie nicht weg vor dem, was Sie sich in Ihrem Kopf ausmalen. Durchleben Sie im Geist das, was im äußersten Fall passieren kann. Ängstigen Sie sich, spüren Sie der vielleicht aufkommenden Panik eine Weile nach. Sie werden merken, dass sich mitten in der höchsten Qual ein Gefühl von Galgenhumor und Gelassenheit einstellt, nach der Devise: »Okay, größer kann das Desaster nicht mehr werden.«

Tauchen Sie dann aus Ihrer Unglücksvision wieder auf – Sie werden feststellen, dass Sie aus dem Gedankenexperiment gestärkt hervorgehen. Denn erstens bekommen Sie ein Gefühl dafür, dass die Horrorvision wenig wahrscheinlich ist. Und zweitens gilt für alle Ängste: Wenn man sich ihnen stellt, nimmt man ihnen die Macht. Und zwar ziemlich effektiv. »Ängste lassen sich nur durch Handeln überwinden und nicht durch Vermeidung«, sagt dazu die Trierer Psychotherapeutin Stefanie Stahl.[43]

Was ist Ihre größte Angst?

Ja, das ist eine unangenehme Frage. Aber wenn Sie gerade die vorgestellte Katastrophe hinter sich gebracht haben, kann Sie eine solche Überlegung nicht mehr schrecken, oder? Rufen Sie sich noch einmal ins Gedächtnis, wie sich die Angst anfühlte, die in der vorhergegangenen Übung auftauchte. Wo kam sie genau her? Warum packte sie Sie eigentlich? Was steckt dahinter?

Um diese Fragen zu beantworten, hilft es oft, wenn wir überlegen, welche Person oder Situation aus unserer Kindheit mit dieser Angst verknüpft ist. Das hat folgenden Hintergrund: Wenn wir wissen, wo die Furcht in jungen Jahren konkret entstanden ist, können wir uns das in der nächsten Angstsituation, in die wir als Erwachsene geraten, in Erinnerung rufen. Es ist dann leichter zu sehen, dass wir nur deshalb so emotional reagieren, weil die damalige Situation für uns bedrohlich war, obwohl sie uns heute gar nicht mehr gefährlich werden kann.

Ein Beispiel: Eine Frau hat als Kind zusammen mit ihrer kleinen Schwester stets um die Gunst der launischen Mutter gekämpft – und dabei immer verloren. Wenn sie sich in Kindertagen innerhalb ihrer Familie im Abseits fühlte, war das zu Recht mit einer existenziellen Einsamkeit und großen Angst verbunden. Heute löst eine ambitionierte Kollegin, die bei der Chefin besonders beliebt ist, vergleichbare Ängste bei dieser Frau aus (und damit auch Stress), obwohl es nicht mehr existenziell bedrohlich ist, wenn die Vorgesetzte eine andere Person ein wenig bevorzugt. Das ist höchstens etwas unangenehm.

Erkennen wir in einer Drucksituation schneller, wenn sich ein bedrohlich anfühlender Kindheitsfilm wie ein flackernder Super-8-Streifen über die aktuelle Situation im Job oder in der Familie legt, werden wir im Umgang mit Stressmomenten wesentlich souveräner. Der Freiburger Psychotherapeut Bertold Ulsamer hat in seinen Arbeiten aufgezeigt, wie wir stressmachende Konflikte entschärfen können, wenn wir verstehen, was sie mit der eigenen Geschichte zu tun haben. »Der Blick auf den familiären Hintergrund ist oft so etwas wie eine Offenbarung«, sagt Ulsamer.[44] Also: Wenn Sie Lust haben, ein bisschen zu forschen, dann versuchen Sie herauszufinden, welche Ängste Sie bestimmen und wo sie herkommen. Die folgenden Fragen zu den jeweiligen vier Typen können Ihnen dabei helfen, der Sache verstärkt auf den Grund zu gehen:

Bestandsaufnahme:
Wovor habe ich Angst?

- Kreative Chaotinnen plagt am meisten die Angst, unbedeutend und durchschnittlich zu sein und die Welt eines Tages ohne eine nennenswerte bleibende Spur zu verlassen. Hilfreiche Frage, um die eigene Furcht zu ergründen: Wer hat Ihnen beigebracht, dass es nicht reicht, im Leben einfach nur normal zu sein? Warum wollen Sie immer im Mittelpunkt stehen?
- Kämpferinnen treibt die Angst, dass man sie übergeht und verletzt und ihre Grenzen nicht respektiert. Hilfreiche Frage, um der Furcht auf den Grund zu gehen: Wer hat Sie machtlos und ohnmächtig gemacht? Wer hat Ihre Grenzen verletzt?
- Leistungsträgerinnen haben große Angst davor, dass man sie nicht mehr liebt und fallen lässt, wenn sie nicht

bringen, was man von ihnen erwartet. Hilfreiche Frage, um die eigene Furcht zu ergründen: Wer hat Ihnen sehr früh sehr viel abverlangt? Wer hat bei Ihnen Liebe immer wieder an Leistung geknüpft?

• Beziehungsarbeiterinnen setzt es besonders zu, wenn sie womöglich den Kontakt zu anderen verlieren, plötzlich allein dastehen und aus der Gemeinschaft ausgestoßen werden. Hilfreiche Frage, um die eigene Furcht zu ergründen: Wer hat Sie im Leben alleingelassen? Wer hat Sie ausgestoßen? Wer in Ihrer Familie war ein Ausgestoßener?

Haben Sie ein paar Bilder gefunden, einige Menschen und Situationen, an denen sich Ihre Ängste aufhängen? Wenn es so ist: Das kann schmerzhaft sein und im ersten Moment noch mehr Befürchtungen hervorrufen. Wenn Sie allerdings merken, welche Ursprungssituation hinter der heutigen Angst vor dem Vorgesetzten, der Kollegin oder der unruhigen Stimmung im Team steht, fällt es Ihnen bald leichter zu erkennen, dass Sie heute mehr Handlungsmöglichkeiten haben als in Ihrer Kinder- und Jugendzeit. Manchmal, so simpel es auch erscheint, reicht allein die Erkenntnis, dass die Chefin nicht Ihre Mutter ist – auch wenn sie sich manchmal so ähnlich verhält.

Falls Sie diese »Taucharbeit« besonders interessiert, könnte sich ein Coaching oder eine Kurzzeittherapie für Sie lohnen. Die allermeisten Menschen haben zwar eine vage Ahnung davon, wie ihre Kindheit sie geprägt hat, aber das im Einzelnen aufzurollen, ist ohne professionelle Hilfe kaum zu leisten. Gerade wenn Sie auf schmerzhafte Erfahrungen stoßen, sollten Sie sich möglicherweise Hilfe holen.

5 Ich wär so gern gelassener – aber wie soll das gehen?

Fünfter Schritt
Mit Achtsamkeit zu mehr Gelassenheit

Fast jeder kennt den wohlmeinenden Rat: »Ach, lass dich nicht so stressen.« Aber wie soll man das bewerkstelligen? Eine Einführung in Achtsamkeit ist da sehr hilfreich:

Es ist Sonntag. Birte Hagen und ihr Freund Thomas gehen im Stadtpark spazieren. Beide sind Anfang vierzig und schon seit Jahren ein Paar. Der Himmel ist grau, die Bäume kahl und die beiden fantasieren, wie der nächste Sommerurlaub aussehen könnte. Jeder fragt den anderen: »Wohin würdest du denn gern fahren? In die Berge? Ans Meer?« Birte träumt von drei Wochen auf den Kanarischen Inseln. Wärme. Sonne. Wasser. Vielleicht Tauchen lernen. Oder etwas ganz Exotisches. Eine Tour durch den Dschungel. Überhaupt will sie im Urlaub etwas Aufregendes, Neues erleben! Sie redet sich richtig in Schwung. Bis Thomas sie unterbricht: »Warum muss es für dich eigentlich immer gleich so was Außergewöhnliches sein. Geht nicht auch einfach mal Wandern? Zurück zur Natur? Das würde auch dir bestimmt guttun. Du bist doch ständig so gestresst.«

Birtes Mund klappt zu. Erst will sie noch widersprechen, aber dafür ist sie zu beleidigt. Sie denkt: Was will er mir damit sagen? Dass ich zu viel will? Dass ich ihm auf den Geist gehe, weil ich so oft genervt bin? Er weiß genau, dass er mich damit total verletzt. Und warum sagt er das jetzt – wir träumen doch gerade vom Urlaub? Er will einfach nicht, dass wir es zusammen schön haben, lieber hackt er auf mir rum, der Idiot!

Irgendwann findet Birte ihre Stimme wieder und sagt knapp: »Ich geh heim.«

»Was ist denn jetzt los?«, fragt Thomas erstaunt.

»Na, was soll denn schon los sein? Du hast mir mit deiner blöden Bemerkung gründlich die Laune verdorben!«

»Aber wieso? Was habe ich gemacht?« Thomas schaut irritiert.

Aber das macht Birte erst richtig wütend: »Das merkst du nicht mal? Du bist echt abgestumpft.«

Sie geht schneller und hört nur noch, wie Thomas laut hinter ihr herruft: »Mensch, und du bist so verdammt empfindlich. Das nervt total!«

Birte hat keine Lust, ihrem Freund zu antworten. Schweigend geht sie nach Hause, ein paar Schritte vor Thomas. Der Nachmittag ist gelaufen.

Erst als sie mit Thomas und gemeinsamen Freunden abends im Kino sitzen, sie zusammen über den Film lachen und ihr Freund sie fest in den Arm nimmt, fühlt sie sich wieder geliebt. Und sie spürt, wie sehr sie ihn mag. Plötzlich versteht sie selbst nicht mehr, warum sie im Stadtpark so heftig reagiert hat.

Und hinterher tut es einem leid

Nach dem Kinoabend sprechen Birte und Thomas über ihren Streit. Thomas entschuldigt sich bei seiner Freundin. Er wollte sie nicht verletzen. Aber er findet dennoch, dass ein ruhiger Urlaub erholsamer für sie beide wäre als ein Abenteuertrip. Und Birte merkt, dass Thomas auch ein bisschen recht hat. Frische Luft und viel freie Zeit wären bestimmt nicht schlecht – zumal sie gerade im Job wirklich viel um die Ohren und ordentlich Stress hat.

Thomas' Bemerkung hatte sie an ihrem wunden Punkt getroffen. Und wenn das geschieht, ist sie verletzt und beleidigt. Thomas kennt das. Und er weiß auch, dass sie sich wieder abregt. Aber manchmal sagt er, leicht verzweifelt: »Weißt du, wenn du einen Satz von mir in die falsche Kehle bekommst und dann so extrem reagierst, ist das ziemlich anstrengend. Ich kann doch nicht jedes Wort auf die Goldwaage legen und überprüfen, bevor ich mit dir spreche!« Birte kann ihm nur zustimmen. Es geht ja nicht nur ihm so. Mit ihrem Verhalten hat sie sich auch schon richtig Ärger bei ihren Kollegen eingehandelt und sogar eine Freundschaft verloren, weil sie völlig aufbrausend auf eine Bemerkung reagiert hatte. Sie wäre wirklich gern gelassener – aber wie bekommt man das hin?

Viele kennen das: Eigentlich ist die Laune bestens. Aber dann macht der Partner eine kritische Bemerkung oder in letzter Minute des Arbeitstags landet eine zusätzliche Aufgabe auf dem Schreibtisch – und augenblicklich verschwindet die gute Stimmung, und wir fühlen uns extrem gestresst. Das ist so ziemlich das Gegenteil von Gelassenheit.

Denn Gelassenheit bedeutet, eine innere Ruhe zu haben, die nicht so schnell ins Wanken zu bringen ist. Jeder, der gestresst ist, wünscht sich nichts sehnlicher, als in schwierigen Momenten ruhig zu bleiben. Aber das ist gar nicht so einfach. Und jeder gut gemeinte Rat wie: »Lass dich doch nicht so stressen« oder: »Mach dich nicht so abhängig von der Meinung der anderen«, bringt einen noch mehr auf die Palme. Denn genau das würden wir ja gern tun, wenn wir nur könnten!

Atmen hilft – aber leicht ist es nicht

Birte hört irgendwann von einem Kurs, in dem die Technik der Achtsamkeitsmeditation gelehrt wird und man genau das lernen kann: Gelassenheit. Sie meldet sich an. Die Erklärung im Flyer klingt vielversprechend: »Achtsamkeit bedeutet, auf eine bestimmte Art aufmerksam zu sein: bewusst, im gegenwärtigen Augenblick und ohne zu bewerten. In der Achtsamkeitsmeditation geht es darum zu üben, unsere Gedanken und Gefühle mit dieser wertfreien Beobachterhaltung wahrzunehmen. So kann es gelingen, sich nicht in den Gedankenketten zu verlieren, die häufig eine Ursache für Stress und Unbehagen sind. Die achtsame Haltung wirkt dem Empfinden entgegen, von äußeren Bedingungen bestimmt zu sein. Sie stärkt das Bewusstsein dafür, dass wir immer verschiedene Möglichkeiten haben, wie wir auf eine Situation reagieren oder was wir als Nächstes tun. Dieser offene Blick auf die Wahlmöglichkeiten stärkt die Stressresistenz.«[45]

Die Übungen haben es in sich, stellt Birte nach den ersten Stunden fest, obwohl sie am Anfang noch dachte: eine Minute atmen? Das ist alles? Was soll das bringen?

Sie sitzt auf dem Boden im halben Schneidersitz und versucht, eine Minute lang ihren Atem zu beobachten. Wo der Atem hinfließt, wie er durch ihre Nase strömt. Aber kurze Zeit später schweifen ihre Gedanken ab. Sie kann ihre Aufmerksamkeit immer nur ganz kurz beim Atem halten, dann funkt schon wieder ein anderer Gedanke in ihrem Kopf dazwischen. Die Kursleiterin erklärt, dass es völlig normal ist, wenn die Gedanken abwandern. So verhalten sich Gedanken. Sie rät Birte: »Du kannst deine Aufmerksamkeit aber wieder sanft auf deinen nächsten Atemzug lenken.« Das übt Birte – und es klappt. Umso besser, je weniger sie sich darüber ärgert, dass ihre Gedanken wie eine wild gewordene Schafherde in alle Richtungen springen, sobald sie zur Ruhe kommt. Jedes Mal, wenn sie merkt, dass sie in der Atemübung anfängt, an alles Mögliche aus ihrem Alltag zu denken, lässt sie das innere Geplapper bewusst los und richtet ihre Aufmerksamkeit auf den nächsten Atemzug. Sie spürt, wie sie immer mehr bei sich selbst ankommt.

Weil Birte die Übung in den nächsten acht Wochen sehr häufig macht – auch außerhalb des Kurses –, hat sie viel Zeit, sich selbst beim Denken zu beobachten. Sie registriert, dass ihre Gedanken meist zu den unangenehmen Dingen wandern. Zur Auseinandersetzung mit ihrer Kollegin, zur Schwiegermutter, die ungeplant am Wochenende anreisen will. Außerdem stellt sie fest, dass ihre Überlegungen unangenehme Emotionen im Schlepptau haben: eine gute Portion Ärger, einen Anflug von Wut. Und dann hat sie stets das Gefühl, sie müsste sofort etwas ändern.

Die Tür zu mehr Gedankenfreiheit aufstoßen

In der Meditation merkt Birte, dass es zwischen den Gedanken und ihren Gefühlen eine kleine Lücke gibt. Einen Moment, in dem erst einmal nur der Gedanke da ist. Keine Bewertung und auch kein Gefühl. Diese Lücke ist ihr vorher nie aufgefallen.

In der nächsten Meditationsübung muss sie aber spontan an die Kollegin denken, die ihr im morgendlichen Meeting das Wort abgeschnitten hatte, um der Chefin von ihrem eigenen Projekt zu erzählen – sofort ist Birte wieder genervt. In der Meditation spürt sie jedoch, was genau in ihr passiert, wenn sie an die Kollegin denkt und anfängt, sich über sie aufzuregen. Sie kann regelrecht zuschauen, wie sie das Verhalten der Kollegin bewertet und denkt: »Das macht die mit Absicht! Die will mich ausbooten! Frechheit!« Und sie merkt, wie mit jedem dieser Gedanken, die den Vorfall im Meeting als absichtliche Abwertung einordnen, ihre Empörung steigt. Aber sie merkt auch, dass sie sofort ruhiger wird, wenn sie sich von diesem Gedankenstrom losreißt, sich wieder auf ihren Atem konzentriert und die Erinnerung an das Meeting einfach als Bild vorüberziehen lässt. Ohne sich in die Bewertung zu vertiefen.

Birte mag diese innere Ruhe, und sie freut sich an der Entdeckung, dass sie sich nicht zwangsläufig in den Ärger über ihre Kollegin hineinsteigern muss, sondern selbst entscheiden kann, ob sie das möchte oder nicht. Dass es diese Alternative gibt, war ihr noch nie in den Sinn gekommen. Da waren die Erinnerungen, ihre Gedanken dazu und der Ärger gleichsam automatisch miteinander verknüpft.

Mithilfe der Meditationsübung kann Birte beobachten,

wie sie sich entspannt, wenn es ihr gelingt, ihre Gedanken einfach nur wahrzunehmen, ohne sie sofort mit dem Etikett »gut« oder »schlecht« zu versehen oder an einzelnen Überlegungen festzukleben. Sie merkt deutlich, dass ihre Bewertungen sehr persönlich sind und dass ein anderer die Situation vielleicht ganz anders eingeschätzt hätte. Die Kollegin könnte ja auch einfach nur impulsiv sein, sodass sie immer nach vorne preschen muss – ohne Feingefühl für die anderen Meeting-Teilnehmer, aber auch ohne die Intention, Birte ausbooten zu wollen.

Ulrich Ott, Psychologe und Meditationsforscher am Institute of Neuroimaging der Universität Gießen, vergleicht diese Erfahrung, die alle Menschen machen, die meditieren, mit einem Ausflug auf einen Berg: Man geht nach oben und schaut ins Tal seiner selbst. Man nimmt die eigenen Gedanken und Gefühle wahr und lässt sie wie Bilder vorbeiziehen, ohne sie zu bewerten. Das ist möglich, weil man Distanz dazu hat.[46] Man entspannt sich. Und zugleich wird klar, dass alle Gedanken und Gefühle, die wir haben, in uns selbst entstehen. »Man erfährt, dass niemand von außen für diese Muster verantwortlich ist, sondern nur man selbst«, erklärt Ott.[47] Diese Erkenntnis ermöglicht es, loszulassen von den ständigen Bewertungsschleifen – und damit auch vom Stress.

Nach acht Wochen ist der Kurs vorbei. Birte hat gelernt, dass sie alles, ganz gleich, ob sie etwas erlebt oder nur an etwas denkt, sehr wohl erst einmal nachspüren kann – ohne das Erfahrene oder Gedachte sofort als gut oder schlecht, positiv oder negativ einzuordnen. Und dass diese Haltung ihr einen völlig neuen Blick auf die Welt schenkt. Ein Blick, der offener und weniger stressig ist.

Ich kann auch anders

An einem Abend im Frühsommer sitzen Birte und Thomas auf der Terrasse ihrer Wohnung. Sie hat ein neues Salatrezept ausprobiert, mit grünem Salat, rote Bete und Apfel, und findet, die Verbindung aus frisch, erdig und fruchtig passt perfekt zum Grillsteak. Aber Thomas mäkelt herum. »Irgendwie schmeckt das zusammen komisch.« Diesmal kann Birte die Bemerkung ihres Freundes einfach aufnehmen, ohne sofort zu denken: Der macht mein Essen nieder. Warum? Was habe ich falsch gemacht? Stattdessen fragt sie: »Was findest du denn daran komisch? Schmeckt es dir nicht?«

»Doch, der Salat schmeckt schon«, erwidert er. »Aber irgendwie passt er nicht zum Steak.« Birte wartet, ob er noch etwas hinzufügt. Und tatsächlich fängt Thomas an, laut zu überlegen: »Weißt du, wir haben ja früher auch oft zu Hause gegrillt. Und meine Mutter hat immer Ofenkartoffeln zum Steak gemacht. Ich glaube, mir fehlt einfach etwas, wenn es keine Kartoffeln zum Steak gibt.«

Birte fällt ein, dass sie ähnliche Kombinationen von idealen Gerichten auch im Kopf hat. Zum Beispiel muss es nach einer Kartoffelsuppe immer einen Kaiserschmarrn geben. Anders geht's nicht. Thomas mag den Salat zwar immer noch nicht zum Steak, aber sie haben einen vergnügten Abend und erzählen sich alles Mögliche aus ihrer Kindheit und über ihre Lieblingsessen.

Was ist da vor sich gegangen? Hat sich Birte einer Gehirnwäsche unterzogen? Nein, sie hat einfach etwas Gelerntes in einer Situation umgesetzt, die hätte schwierig werden können. Nicole Plinz, Expertin für Achtsamkeitsmeditation und Yoga sowie therapeutische Leiterin der Tageskliniken für Stressmedizin in Hamburg-Harburg und Hamburg, erlebt es in ihren Kursen so: »Die Teilnehmer stellen fest, dass es möglich ist, eine Distanz zu den Situationen zu bekommen, die sie vorher fast wie automatisch in Stress versetzt haben.«

Birte erfuhr in ihrem Achtsamkeitskurs, dass in der Lücke zwischen Gedanke und Gefühl eine Tür zu mehr Freiheit besteht. Denn an dieser Stelle kann man seine automatischen Reaktionsmuster durchbrechen, und das kann ungemein erleichternd sein: »Man entdeckt Wahlmöglichkeiten und dadurch auch neue Handlungsmöglichkeiten«, erklärt Nicole Plinz.

Diese Veränderung zeigt sich sogar im Gehirn, wie Studien belegen. Bei Menschen, die über längere Zeit Achtsamkeit trainieren, fangen bestimmte Regionen in den vorderen Hirnbereichen, die für das klare Denken zuständig sind, zu wachsen an. Zugleich fahren jene Regionen, die aktiv sind, wenn wir Angst empfinden, ihre Aktivität zurück. Die gelassene Haltung schreibt sich also im Gehirn fest.[48] Mit der Zeit wird es zur Gewohnheit, alles, was wir erleben, erst einmal zu beobachten – anstatt gleich in die Luft zu gehen.

Einen Anfang ihrer Veränderung spürte Birte an dem Terrassenabend mit Thomas. Sie bemerkte sehr wohl, dass ihr Mann in der Lage ist, sie mit bestimmten Bemerkungen zu verletzen – wenn sie so gemeint wären, wie sie sie automatisch bewerten würde. Aber ihre neue innere Gelassenheit gibt ihr die Möglichkeit, einen Moment innezuhalten und abzuwarten, bevor sie in eigene Vorstellungen abtaucht. Birte hatte dadurch die Gelegenheit zu erfahren, dass das Urteil über ihren Salat nichts mit ihrer Kochkunst zu tun hatte, sondern vielmehr mit Thomas' Erinnerungen an frühere Steakessen.

Auch achtsame Menschen sind traurig und genervt

Achtsamkeit macht unseren Blick klar. Sie nimmt den Schleier von unserer Brille, mit der wir die Welt häufig betrachten, den Schleier, der das Ergebnis von Erwartungen und Erfahrungen ist. Stattdessen sehen wir »die nackte Wirklichkeit«, wie Nicole Plinz es beschreibt, wobei sie betont: »Durch Achtsamkeit wird aber nicht alles gut, und sie ist auch kein Schalter zum Glück.« Staus, verpasste Züge, Konflikte, das Gefühl von Trauer, wenn man einen nahen Menschen verliert – all das wird es trotzdem geben. Die Wirklichkeit ist nicht immer toll, aber sie ist auch kein Grund, um in Panik zu geraten. Man weiß, dass man zu spät kommen wird, weil gerade ein Verkehrschaos auf den Straßen herrscht. Das ist ärgerlich, jedoch keine Katastrophe. Also kann man auch genauso gut entspannen und die Zeit nutzen, an etwas Schönes und Angenehmes zu denken, statt sich hineinzusteigern, was alles schieflaufen könnte, weil man es nicht mehr rechtzeitig zum Termin schaffen wird. Und eine abwertende, kritisierende Bemerkung des Partners ist ebenso kein Weltuntergang: Okay, es passt ihm etwas nicht. Das fühlt sich nicht gut an, dennoch kann ich selbst entscheiden, ob ich mich jetzt damit ausführlich beschäftigen möchte, ob ich nachfrage und ihm zu verstehen gebe, dass mich so eine Aussage verletzt. Ich kann sie aber auch unter einem »Aha« verbuchen und erst einmal ignorieren.

Wer sich mit Achtsamkeit beschäftigt, muss nicht mit einem Lächeln und einem Ommm auf den Lippen durch die Straßen laufen. Keineswegs muss man alles super finden. Es geht vielmehr darum, die Welt ein wenig gelassener zu betrachten und sich nicht ständig von den eigenen, automatisch ablaufenden Bewertungsmustern in den Stress treiben zu lassen. »An diesem Punkt kann Selbstmitgefühl entstehen und die Selbstfürsorge beginnen«, weiß Nicole Plinz. Das ist dann der Fall, wenn man merkt, dass es einem nicht guttut, im Büro jeden Tag von der ersten bis zur letzten Minute gegen die Uhr zu arbeiten. Und wenn man dann akzeptiert, dass niemand an den Gegebenheiten etwas verändern kann, außer man selbst ist dazu in der Lage, dann findet man vielleicht auch den Mut zu beschließen, dass man sich mehr auf den eigenen Arbeitsrhythmus konzentriert, statt den Aufgaben hinterherzujagen, die von einem gefordert werden. Und bleibt mal etwas liegen, hält man es aus, selbst wenn es dem Chef nicht gefällt. Das Gefühl ist jedenfalls klar: Es ist mein eigenes Leben, und ich bin dafür verantwortlich. Mein Tag gewinnt, wenn ich mich nicht hetze.

»Wer sich dafür einsetzt, dass es einem selbst gut geht, bekommt nicht immer nur Applaus dafür«, bestätigt auch die Hamburger Stresspräventionsexpertin. Aber Menschen, die sich in Achtsamkeit üben, können irgendwann sehen, was ihnen wirklich wichtig ist – und dafür einstehen. Sie lassen sich nicht mehr mitreißen von Formulierungen wie:

»Man darf das nicht« oder »Man muss sich doch so und so verhalten«. Sie haben gelernt, diese Phrasen als das zu entlarven, was sie sind: Gedanken anderer. Mehr nicht.

Allerdings kann der unverstellte Blick auf die Welt auch beunruhigen. »Es geschieht nicht selten, dass wir Angst bekommen, wenn wir die Realität ungeschminkt anschauen und aufhören, uns in Schuldzuweisungen zu retten«, sagt Nicole Plinz. Womöglich haben wir dann glasklar vor Augen, dass es so wie bisher nicht weitergehen kann, dass man eine neue Perspektive braucht, vielleicht sogar einen neuen Job. Oder man merkt, dass beim Spagat, den man zwischen Kindern und Beruf betreibt, alle zu kurz kommen – und man wird traurig, weil man feststellt, dass dieser Zustand schon seit Jahren besteht. Oder man stellt fest, dass die Beziehung ins Ungleichgewicht geraten ist – und man weiß nicht, ob die Liebe eine offene Aussprache überlebt.

Wir spüren, dass wir vielleicht etwas verlieren werden, dass wir uns auf unsicheres Terrain begeben, wenn wir in unserem Leben Veränderungen vornehmen, damit es sich für uns richtiger anfühlt. Nicole Plinz empfiehlt, die Furcht als normale Reaktion anzunehmen: »Manchen hilft dabei eine Entspannungsübung, um die Momente der Angst gut auszuhalten. Anderen ein Spaziergang in der Natur. Wer die Angst wertschätzt und darauf achtet, was ihm hilft, wird merken, dass sie auch wieder verschwindet.«

Achtsamkeit ist eine große Unterstützung, wenn wir sie regelmäßig und aktiv einüben. Die folgenden Achtsamkeitsübungen wurden so zusammengestellt, dass Sie sofort mit dem Üben beginnen können.

Achtsamkeit für Anfänger

Hier finden Sie ein paar Übungen für mehr Achtsamkeit.

DIE EINE-MINUTE-ATEMMEDITATION: Greifen Sie zu einer Eieruhr, oder stellen Sie die Stoppuhr auf Ihrem Handy – nach einer Minute soll das jeweilige Gerät sich melden. Aber bevor Sie die Zeit einstellen, nehmen Sie eine entspannte, aber zugleich aufrechte Körperhaltung ein. Sie können auf einem Stuhl oder dem Sofa sitzen. Der Boden ist auch eine Alternative. Spüren Sie Ihren Körper bewusst. Lassen Sie die Schultern locker nach unten sinken. Neigen Sie das Kinn leicht in Richtung Brust. Die Zunge liegt hinter den Schneidezähnen am Gaumen. Sie können die Augen schließen oder auf einem Punkt vor Ihnen ruhen lassen. Die Hände liegen locker auf den Knien, die Handflächen leicht nach oben gedreht. Nehmen Sie wahr, wie Ihr Gesäß den Untergrund berührt, auf dem Sie sitzen, wie Ihr Körper sich anfühlt. Sitzen Sie so eine Minute, ohne etwas Bestimmtes zu tun.

Jetzt hat die Uhr ihren Einsatz, die Eine-Minute-Atemmeditation beginnt: Richten Sie Ihre Aufmerksamkeit auf Ihren Atem. Werden Sie sich der Tatsache bewusst, dass Sie atmen. Beobachten Sie, wie Ihr Atem in Sie hinein- und wieder hinausströmt. Die kleine Pause dazwischen. Sie müssen nicht besonders tief atmen, Sie müssen auch sonst nichts Besonderes tun. Einfach ein- und ausatmen.

Vermutlich driften Ihre Gedanken sehr schnell ab. Nehmen Sie das zur Kenntnis, danach lenken Sie Ihre Aufmerksamkeit erneut auf Ihren Atem. Klingelt die Uhr, nehmen Sie die Hände vor die Brust, legen Sie sie in Gebetshaltung aneinander, und atmen Sie noch ein weiteres Mal konzentriert ein und aus. Schließen Sie die Übung bewusst ab.

Die Atemmeditation ist überall zu machen. Nach und nach kann man die Zeit der Meditation auch verlängern. Auf fünf Minuten oder sogar mehr.

AB INS GEDANKENKINO: Gehen Sie noch einen Schritt weiter: Atmen Sie wie zuvor und betrachten Sie dabei die Gedanken, die kommen und gehen. Sie können sich eine Leinwand vorstellen, auf der sie wie ein Film vorüberziehen. Halten Sie die Gedanken nicht fest, beobachten Sie diese nur, ohne sich tiefer mit ihren Inhalten zu beschäftigen. Schauen Sie dann, welcher Gedanke als Nächstes folgt. Machen Sie diese Übung zwei bis drei Minuten. Zum Schluss verabschieden Sie sich innerlich vom letzten Bild. Orientieren Sie sich langsam wieder im Raum. Vielleicht möchten Sie sich etwas recken und strecken.

ACHTSAM DUSCHEN: Wer in die Achtsamkeitsschule geht, lernt konzentriert zu duschen, Staub zu saugen oder sich die Zähne zu putzen. Wie das geht? Man übt, die Dinge, die man ausführt, mit vollem Herzen und größter Aufmerksamkeit zu realisieren. Beim Staubsaugen über den Streit vom Frühstückstisch zu grübeln hat ebenso wenig mit Bedachtsamkeit zu tun, wie beim Duschen den Tag zu planen.

Denn wer seine Gedanken ständig herumgeistern lässt, verstrickt sich sehr häufig in negative Gefühle. Das stresst.

Außerdem verpasst man in dieser Zeit das, was wirklich geschieht, zum Beispiel das warme Duschwasser, das angenehm auf die Haut prasselt. Der Effekt: Die Zeit scheint zu rasen, ohne dass wir die Empfindung haben, etwas zu erleben. Das macht unzufrieden.

Wer es dagegen schafft, sich von Gedankenspiralen zu lösen und seine Aufmerksamkeit stattdessen auf das Hier und Jetzt lenkt, wird merken, dass man sich fast augenblicklich entspannt – und dass man nicht mehr im Modus der Beschleunigung ist. (Sie können übrigens in diesem Moment prüfen, ob Sie gerade achtsam sind. Lesen Sie allein das Buch oder denken Sie noch an hundert andere Dinge gleichzeitig?)

AUFMERKSAMKEIT LENKEN: Manchmal stecken wir so in unseren Grübeleien fest, dass wir uns partout nicht vorstellen können, an etwas anderes zu denken. Der Sog der Sorgen ist einfach zu groß. Das Problem dabei ist nur: Meist bringt das ganze Denken rein gar nichts. Was für einen Sinn macht es, sich das Gehirn zu zermartern, wenn wir erst eine bestimmte Entwicklung abwarten müssen, bevor wir die nächste Entscheidung treffen können? Und man kann sich noch so sehr gedanklich anstrengen – es bringt wenig, da sich die Schwierigkeiten kaum innerhalb von Stunden lösen lassen.

Die nächste Übung hilft, sich in solch belasteten Zeiten Verschnaufpausen zu verschaffen:

Stellen Sie sich eine schwierige Situation vor. Einen Konflikt, der Sie beschäftigt, ein Auftrag, der Sie stresst. Skizzieren Sie das Problem so ausführlich wie möglich. Was nervt Sie genau? Wenn Sie damit fertig sind, spüren Sie in sich nach: Wie fühlen Sie sich? Vermutlich sind Sie aufgewühlt.

Jetzt lenken Sie Ihre Aufmerksamkeit auf einen Gegenstand, der sich vor Ihren Augen befindet. Ein Kugelschreiber. Ein Kissen auf dem Sofa. Die Tasse mit einem Rest Kaffee. Das Glas Wasser. Und nun beschreiben Sie bitte diesen Alltagsgegenstand genauso detailliert wie vorher Ihr Problem. Was sehen Sie? Wie fühlt sich der Gegenstand an? Wie schwer ist er? Wie verändert er sich, wenn Sie ihn in der Hand halten?

Wenn Sie die Aufgabe beendet haben, spüren Sie jetzt in sich selbst nach. Was empfinden Sie? Wahrscheinlich fühlen Sie sich ruhig, vielleicht sind Sie sogar belustigt oder erstaunt über das, was man alles wahrnimmt, wenn man eine Kaffeetasse oder einen Stift einmal genau anschaut. Und das Problem von eben? Ist vermutlich aus Ihrem Kopf verschwunden.

Diese Übung zeigt: Sie können Ihre Aufmerksamkeit lenken. Sie bestimmen, mit welchen Grübeleien und Gefühlen Sie sich beschäftigen. Und das heißt: Sie können aktiv aus jeder Gedankenspirale, aus jeder Stresssituation aussteigen, indem Sie Ihren Fokus auf etwas lenken, das Sie entspannt.

Einen ähnlichen positiven Anker können Sie sich auch selbst wählen. Was könnte Ihr persönliches Symbol für Gelassenheit sein? Ein Tier? Eine Landschaft? Ein Lied? Nehmen Sie dieses positive Bild als Anker, den Sie auswerfen, wenn der Stress Sie mitzureißen droht.

Achtsamkeit für jeden Typ

Im vorigen Kapitel haben Sie die häufigsten Stressmuster kennengelernt. Sie haben erfahren, dass jeder Stresstyp Punkte von großer Empfindlichkeit und Schwachstellen hat, an denen er unter Druck gerät. Vermutlich geraten Sie bei ihnen besonders häufig in einen Automatismus aus Gedanken, Bewertungen und Stressgefühlen. Und deshalb sind es auch genau diese Momente, bei denen es sich lohnt, eine achtsame Haltung einzunehmen – statt sofort in Unruhe zu geraten. Die folgenden Anregungen sind nach den vier Stresstypen geordnet:

Die Beziehungsarbeiterin reagiert extrem gestresst, noch dazu sehr rasch, wenn sie sich angegriffen oder ausgeschlossen fühlt. Die Kollegin drängelt sich im Meeting vor, oder die Vorgesetzte lobt zu wenig und ist abweisend: Schon kleine Gesten können reichen, und die Beziehungsarbeiterin befürchtet ihr soziales Aus und gerät dementsprechend unter Druck. Hier kann es hilfreich sein, genau diese Augenblicke, in denen Sie denken, die behandeln mich schlecht, mit Achtsamkeit wahrzunehmen. Wenn Sie nicht gleich in Ihre persönlichen Gedankenmuster abtauchen, sehen Sie vielleicht, dass die voreilige Kollegin selbst zurückgepfiffen wird. Oder dass Ihre Chefin einfach nur einen schlechten Tag hatte.

Die Leistungsträgerin fürchtet vor allem negative Konsequenzen, wenn sie nicht das bringt, was von ihr erwartet wird. Sie ist deshalb besonders anfällig für Drucksituationen.

Wenn Sie merken, dass Sie zu hetzen anfangen, halten Sie inne. Atmen Sie bewusst (siehe Übung Seite 123 ff.), oder machen Sie eine kleine Körperübung (siehe S. 159 ff.). Wenn Sie wieder ruhiger sind, schauen Sie sich Ihre Aufgaben aus einer neuen Perspektive an – und setzen Sie Ihre Prioritäten.

Die kreative Chaotin kommt unter Bedrängnis, wenn sie ihre Entfaltungsmöglichkeiten eingeschränkt sieht. Zum Beispiel, wenn der Chef sagt: »Spiel hier nicht rum, mach einfach mal fertig!« Hier ist es hilfreich, achtsam zu bleiben, sollten Sie denken: In diesem Job kann ich mich nicht entfalten! Die beschneiden mich! Die wollen mich klein halten! Mit etwas Distanz können Sie sehen, ob Sie tatsächlich eingeengt werden. Und auch, wo es Raum für Ihren Wunsch nach Entfaltung und Kreativität gibt, den Sie auf den ersten Blick vielleicht nicht wahrgenommen haben.

Die Kämpferin sucht fast schon mit der Lupe nach Situationen, in denen ihre Grenzen verletzt werden. Und darauf reagiert sie sofort maximal gestresst. Für sie ist es hilfreich, Achtsamkeit zu lernen, um nicht augenblicklich alle Stacheln auszufahren. Dadurch können Sie deutlicher erkennen, an welchen Stellen Sie tatsächlich dafür einstehen wollen, dass Ihre Vorstellungen und Vorhaben mehr respektiert werden. Auf diese Weise können Sie Worte finden, die nicht zu emotional sind, eher von einer inneren Ruhe zeugen.

Oder Sie wittern viel früher eine Grenzüberschreitung, noch bevor sie überhaupt stattgefunden hat. Das erspart Ihnen viel Stress und Ärger.

Hätten Sie es gewusst?

Kann Meditation wirklich dauerhaft gegen Stress helfen?

Lange Zeit galt Meditation den Naturwissenschaftlern als esoterischer Firlefanz. Doch seit man dem Gehirn mithilfe spezieller Techniken (etwa der bildgebenden Magnetresonanztomografie) bei der Arbeit zuschauen kann, ist Meditation auch für Wissenschaftler zum interessanten Forschungsfeld aufgestiegen. Denn was im Gehirn passiert, wenn ein Mensch meditiert, ist schon sehr erstaunlich: Die Hirnareale, die dafür zuständig sind, dass wir mit unseren Emotionen gut umgehen und wohlüberlegte Entscheidungen treffen, sind dann nämlich besonders aktiv. Wie gesagt: Bei Menschen, die regelmäßig meditieren, wachsen die Nervenzellen in diesen Hirnregionen sogar![49] »Offensichtlich hinterlässt das stete Üben von Konzentration und emotionaler Ausgeglichenheit seine Spuren in der neuronalen Struktur des Gehirns«, erklärt der Hirn- und Meditationsforscher Ulrich Ott, der alle relevanten Studien auf diesem Gebiet ausgewertet hat.[50]

Inzwischen ist man sich sicher, dass sich dieses Hirnwachstum direkt auf unser Denken, Fühlen und Handeln auswirkt: Meditation führt also dazu, dass wir tatsächlich dauerhaft gelassener und emotional stärker werden können – und uns nicht nur in der Zeit der Meditationsübung ausgeglichen und wohl fühlen.[51] Das bestätigt auch Ulrich Ott: »Die Veränderungen in der Gehirnstruktur können wiederum die angestrebten Veränderungen der mentalen Fähigkeiten und letztlich der Persönlichkeit unterstützen.«[52] Insofern ist das Meditieren ein sich selbst verstärkender Prozess, der uns den Weg zu weniger Stress und mehr innerer Ruhe ebnet.

Dabei gibt es viele Formen der Meditation, die ähnlich wirksam sind. Hier seien nur die bekanntesten genannt: In der Zen-Meditation sitzt man still auf einem Kissen und schaut sich selbst beim Sein zu. Im Yoga sollen bestimmte Bewegungsübungen die Energie bringen. Beim Bodyscan reist man im Geist durch den eigenen Körper, spürt in jedes Organ, jeden Muskel hinein. Die Achtsamkeitsmeditation (Mindfulness Based Stress Reduction, MBSR) integriert die Meditation in den Alltag: Atmen, Duschen, Kaffee kochen – jede Tätigkeit kann hier zur Mini-Meditation werden. Ulrich Ott empfiehlt deshalb bei Stress die Achtsamkeitsmeditation, die aufgrund ihrer nachgewiesenen Wirksamkeit auch von den Krankenkassen als idealer Einstieg in die Praxis der Meditation angesehen wird.[53]

6 Ich schaff das!

Sechster Schritt
So steigern Sie Ihre Handlungsfähigkeit
und nehmen dem Stress die Macht

Sind Sie schon ein wenig gelassener geworden? Haben Sie ein besseres Gefühl für Ihren gesunden Rhythmus entwickelt und sich mit der einen oder anderen Leidenschaft Gute-Laune-Kicks ins Leben geholt? Ja? Dann sind Sie ganz schön weit gekommen auf dem Weg zu weniger Stress und mehr Spaß im Leben.

Trotzdem wird es immer wieder Situationen geben, die uns unter Druck setzen, uns den Schweiß auf die Stirn jagen – und die wir trotzdem meistern wollen. Das wichtige Bewerbungsgespräch, das uns bevorsteht, die bald stattfindende konfliktreiche Familienfeier oder das absehbare Termin- und Betreuungschaos mit den Kindern in den Schulsommerferien. Die Achtsamkeitsübungen aus dem vorherigen Kapitel können uns helfen, ruhig zu bleiben, wenn unser Leben in den Schleudergang schaltet. Sie können dem Stress den Druck nehmen. Aber mit dem Lernen von Achtsamkeit kennen Sie noch nicht das ganze Repertoire zur Stressbewältigung. Es gibt nämlich weitere Tipps und Tricks, um schwierige Aufgaben zu bewältigen, sodass diese im besten Fall nicht mehr wie ein unüberwindlicher Berg vor einem stehen, sondern sich eher wie ein Hügel anfühlen, den man gelassen hinaufgehen kann.

Die amerikanische Psychologin Emmy E. Werner setzte sich in den Siebzigerjahren mit sozialen Risikofaktoren auseinander und beobachtete die Entwicklung von Kindern auf der Hawaiiinsel Kauai, die in schwierigen Familienverhältnissen aufwuchsen: Die Eltern waren arm, meist arbeitslos und häufig zerstritten. Der Alltag der Kinder war ein Überlebenskampf. Und dennoch schaffte es ein Drittel von ihnen, sich in diesem mühevollen Leben durchzusetzen. Sie fanden einen Platz in der Schule, später einen Job, entwickelten feste Liebesbeziehungen und bauten sich Schritt für Schritt ein stabiles und gutes Leben auf.

Emmy E. Werner fand heraus, was diese Kinder so stark machte: Sie hatten die Gabe, jede noch so kleine Chance, die ihr Leben verbessern konnte, zu sehen und zu ergreifen. Sie schlossen sich Menschen an, die ihnen wohlgesonnen waren, sie konnten Hilfe annehmen und sich dafür bedanken. Sie hefteten ihren Blick fest auf die Bereiche in ihrem Leben, in denen sie etwas zu verändern mochten – statt über die schlechten Startbedingungen zu jammern. Und sie verloren auch in harten Zeiten nicht die Zuversicht, dass es bestimmt wieder besser werden würde.

Das Gefühl, handeln zu können, vertreibt den Stress

In den folgenden Jahrzehnten wurden die Erkenntnisse der amerikanischen Psychologin weiter vertieft. Der New Yorker Soziologe Aaron Antonovsky untersuchte beispielsweise, was Menschen gesund erhält, wenn sie extrem belastende Lebenssituationen erleben. Er kam zu dem Schluss, dass sie stressige Situationen dann gut bewältigen können, wenn sie die Herausforderungen als sinnvoll und bedeutsam bewerten, wenn sie das Gefühl haben, dass die Geschehnisse zumindest halbwegs berechenbar sind und wenn sie sich handlungsfähig fühlen.[54] Die Psychologin Alexa Franke hat Antonovskys Werk ins Deutsche übersetzt und zugleich ein spezielles Gesundheitstraining für Gestresste entwickelt. Sie bestätigt, dass ein hohes Ausmaß an Verstehbarkeit, Handhabbarkeit und Bedeutsamkeit nicht nur die negativen Konsequenzen von Stress abpuffert, sondern durch das Erleben der positiven Bewältigung auch die Erfahrung von Kompetenz vermittelt wird und es somit gesundheitsfördernd wirkt.[55]

Das Gefühl, handeln zu können, hat sich in allen maßgeblichen Studien als eine Art Wunderwaffe gegen Stress erwiesen. Menschen, die auch in sehr stressigen Zeiten den Kopf oben behalten und stets das Beste aus der Situation herausholen können, haben das Gefühl, die eigene Welt in der Hand zu haben und eine problematische Sache aktiv in eine gute Richtung bringen zu können. Das gibt zum einen viel Kraft, und zum anderen erhöht man mit dieser Vorgehensweise natürlich auch tatsächlich die Chance, dass man eine Aufgabe bewältigt – einfach, weil man dranbleibt und nicht den Mut verliert. Die hawaiianischen Kinder haben das sehr eindrücklich gezeigt. Aber fast jeder kennt auch aus eigener Erfahrung, dass man selbst große Aufgaben bewältigen kann, wenn man es schafft, Schritt für Schritt voranzugehen, wenn man in der Lage ist, auch kleine Erfolge wahrzunehmen und Rückschläge wegstecken kann, ohne aufzugeben.

Wer sich dagegen von Schwierigkeiten ins Bockshorn jagen lässt, vergrößert nur seine Probleme: Entweder man starrt immer weiter auf den Problemberg vor sich und verzweifelt daran, dass er so gewaltig ist und man keine Idee hat, wie man ihn bezwingen soll. Oder man entwickelt die Vorstellung, dass man einzig genug nachdenken müsste, um die perfekte Lösung zu finden, mit deren Hilfe man in einem Satz über den Problemberg springen könnte. Beide Verhaltensweisen führen meist dazu, dass der Stress nicht geringer wird, da man keinen Schritt vorangekommen ist. Anstrengung und Ergebnis stehen in keinem Verhältnis zueinander.

Kreative Ideen für ungewöhnliche Lösungen

Die Methode der kleinen Schritte ist ein Weg aus diesem Dilemma. Ein Beispiel: Susanne Wirth, dreißig, hat eine große Familie, und auf den gemeinsamen Feiern geht es immer hoch her. Der eine Onkel pflegt den Streit mit dem anderen Onkel. Eine Tante und die Oma zanken seit Jahren über eine Erbangelegenheit. Die politischen

Meinungen aller Familienmitglieder reichen von Tiefrot bis Quietschgelb. »Eine fürchterlich anstrengende Gesellschaft«, sagt Susanne. »Das Abendessen erträgt man am besten stumm, in der Hoffnung, dass bald der Nachtisch kommt.«

Susanne fuhr aber trotzdem immer wieder zu den Familienfesten, weil sie ihre Cousinen treffen wollte, die sie sehr mag. Doch irgendwann entschied sie, dass dieser Familientermin kein Stresstermin mehr sein sollte. Mit ihren Cousinen verabredete sie, sich schon am Abend vor der Feier zu treffen. Seitdem feiern die Jüngeren unter sich in einem schönen Lokal. Und das Essen am nächsten Tag übersteht man, indem man sich gegenseitig zuzwinkert, wenn die ewigen Akteure wieder ihre Auftritte haben. »Ich betrachte das alles jetzt mehr wie ein Theaterstück«, meint Susanne. »Das hilft.«

Susanne ist es gelungen, eine nervige Situation so zu gestalten, dass sie ihr Stresspotenzial verloren hat. Den Menschen, die sie sehen will, begegnet sie jetzt in aller Ruhe. Und sogar das Essen mit der Großfamilie am nächsten Tag ist durch die von ihr initiierte Veränderung für sie weniger strapaziös geworden – denn sie weiß, dass alle anderen, die ihr wichtig sind, die Sticheleien genauso albern finden. Das entspannt.

Wem es immer wieder gelingt, stressige Situationen mit kreativen Vorgehensweisen zu entschärfen, wird merken: Es geht doch! Die Kunst besteht dabei darin, dort anzusetzen, wo man ohne allzu viel Aufwand etwas für sich zum Guten verändern kann. Susanne hat mit Absicht nicht den Weg gewählt, die ganze Familie zu einem Krisengespräch an den runden Tisch zu bitten. Der Hebel wäre vermutlich auch der falsche gewesen. Sondern sie hat sich genau überlegt, was ihr besonders wichtig ist – die Cousinen in Ruhe zu treffen – und wie sie dieses Ziel mit möglichst wenig Einsatz erreichen kann. Und es hat funktioniert.

Das Gehirn schreibt mit

Solche Erfolgserfahrungen speichern wir in unserem Gehirn. Neurologen haben beobachtet, wie sich die entsprechenden Nervenzellen in unserem Denkorgan besser vernetzen, mit der Folge, dass sich dadurch positive Erlebnisse immer tiefer in unserem Verhaltensrepertoire verankern. Hirnforscher sprechen bei diesem Prozess deshalb auch von Programmierung. »Eine Programmierung entsteht durch Erfahrungen – und auf diesem Weg lässt sie sich auch wieder überschreiben«, so der Hirnforscher Gerald Hüther.[56] Im Fall von Susanne bedeutet das, dass sie aufhörte, sich hilflos den Gewohnheiten ihrer Familie unterzuordnen und eine eigene Vorstellung entwickelte, was sie von der Familienfeier wollte – und sich dann aktiv dafür einsetzte. Dadurch hat sich die Erfahrung, dass kreative Eigeninitiative zu etwas Gutem führt, in ihrem Gehirn festgeschrieben. Vermutlich wird sie jetzt auch in anderen Situationen, die sie stressen, den Impuls haben, einen eigenen Weg zu entwickeln. Auf diese Weise wird sie ihre Handlungsfähigkeit immer mehr stärken.

»Ein menschliches Gehirn ist in der Lage, einmal entstandene Programme wieder aufzulösen oder zu überschreiben, sobald sie die weitere Entfaltung der geistigen und emotionalen Potenzen zu behindern beginnen. Jeder Mensch ist zu tiefgehenden Lern- und Veränderungsprozessen befähigt«, erklärt Hüther weiter.[57] Mit der Zeit wächst aus diesem Zusammenspiel von Handeln und Hirn-Programmierung eine Art Grundgefühl: Ich kann eigentlich jede Situation so gestalten, dass sie für mich handhabbar wird. Das heißt: Ich kann eigentlich fast alles schaffen.

Experten nennen diese Gewissheit, dass man auch schwierige Situationen mit den eigenen Fähigkeiten bewältigen kann, Selbstwirksamkeit.[58] Menschen, die sich als selbstwirksam empfinden, reagieren auf viele Anforderungen weniger gestresst – sie wissen ja, dass sie es packen werden. Und sie werden mit der Zeit immer findiger, wie sie auch die kniffeligsten Situationen entstressen und ihr persönliches Ziel im Auge behalten können, auch wenn es mal nur in kleinen Schritten vorangeht.

Schritt für Schritt – die Scheibchentaktik

Caro Kaiser, vierundvierzig, ist seit zehn Monaten arbeitslos. Trotz naturwissenschaftlichem Studium und guten Noten. Die Jobs an der Uni waren immer befristet gewesen. Und vor zehn Monaten lief wieder ein Projekt aus, ohne dass sie – wie sonst – einen Folgeauftrag erhielt. In der vergangenen Zeit hatte sie ziemliche Tiefs, wusste sie doch nicht, ob es für sie in der Wissenschaft überhaupt weitergehen würde. Aber sie hatte auch keine andere Idee, was sie stattdessen tun könnte, denn ihre Arbeit als Wissenschaftlerin bedeutete ihr sehr viel.

Jeden Tag grübelt sie darüber, was sein wird, wenn das Arbeitslosengeld ausläuft. Zudem: Sie ist schon Mitte vierzig. Eine ausweglose Situation? Anfangs erschien es ihr so. Aber nachdem sie sich über Monate nur trübe Gedanken gemacht hatte, beschließt sie endlich, ihr Problem anzupacken, und zwar in konkreten Einzelschritten. Sie überlegt: Ich habe wenig Geld. Wo kann ich sparen? Sie vermietet einen Raum ihrer Dreizimmerwohnung an eine Studentin. Als Nächstes stellt sie fest: Ich komme nicht viel raus, weil der Job weg ist, und deswegen bin ich oft total unmotiviert. Sie fängt mit Sport an. In einem Studio um die Ecke. Und merkt: Der fitte Körper führt auch zu fitteren Gedanken. Sie fühlt sich wohler. Dann nimmt sie eine weitere Hürde: Sie erzählt allen Freunden von ihrer Jobsuche und ihrer Sorge, keine neue Arbeit zu finden. Viele Freunde kennen sie als Wissenschaftlerin, sind in Instituten auf der ganzen Welt tätig. Nach und nach schicken sie ihr Stellengesuche. Und tatsächlich sind zwei dabei, die Caro interessant findet. Doch es steigen Zweifel in ihr hoch: »Aber ich habe mich ewig nicht mehr beworben!« Dennoch: Sie setzt einen Entwurf für das Bewerbungsschreiben auf und bittet zwei Freunde, ihn zu verbessern. Und es klappt. Sie wird zum Vorstellungsgespräch eingeladen. Mit den Freunden spielt sie das Bewerbungsgespräch vorab mehrfach durch.

Caros früherer Megastress ist auf einmal keiner mehr. Er ist einer Strategie gewichen, die sie Schritt für Schritt weitergebracht hat. Das, was vorher Lebenskrise war, fühlt sich jetzt an wie ein Weg zu neuen Ufern und Möglichkeiten.

Viele Stresssituationen würden besser laufen, wenn wir grundsätzlich denken: Da lässt sich bestimmt was machen, ich werde mit Sicherheit gut durch die Krise kommen. Damit das gelingt, ist es sinnvoll, das Problem, das erst riesig erscheint, in Scheiben zu zerlegen, für die man sich jeweils einzelne Lösungen überlegt. So wird auch die größte Aufgabe überschaubar, denn es wird klar, was der erste Schritt ist, was der zweite usw. Wer mit dieser Einstellung durch den Tag geht, hält sein Stressniveau niedrig und hat den Kopf frei, um nach kreativen und nützlichen Lösungen Ausschau zu halten.

Für Sie klingt das zu simpel? Unterschätzen Sie nicht die Macht der Gewohnheiten. Im Lauf des Lebens haben wir uns eine bestimmte Art angewöhnt, wie wir mit Schwierigkeiten umgehen. Und die ist häufig darauf ausgerichtet, sich immer wieder das Problem vor Augen zu führen. In Kapitel 1 sind wir darauf eingegangen, dass unser Gehirn die Tendenz hat, sich auf komplizierte Situationen und negative Gefühle bevorzugt einzulassen. Da passiert es schnell, dass unsere Gedanken und Gefühle einzig um die Stresssituation kreisen und in unserem Kopf kein Platz mehr ist, um darüber nachzudenken, was uns denn zumindest in einem ersten Schritt ein wenig entlasten könnte. Wohl wissend, dass wir das Problem kaum mit einem Schlag lösen können.

Hinzu kommt, dass wir häufig Sätze im Kopf haben, die uns vorschreiben, wie »man« sich in bestimmten Situationen verhält. Im Job sollte man überlegt und rational reagieren, bloß nicht emotional werden. Bei Beziehungsstress sind viele davon überzeugt, dass man Probleme mit dem Partner löst und nach außen hin am besten verschweigt. Wir versuchen dann, innerhalb dieser relativ eng gesetzten Rahmen eine gute Lösung für den Stress zu finden. Doch genau diese Grenzen stehen uns oft im Weg und verhindern, dass wir mit ungewöhnlicher Perspektive auf das Problem blicken.

In der nächsten Übung sind Sie deshalb eingeladen, das Um-die-Ecke-Denken zu trainieren.

Mein persönlicher Plan
für weniger Stress

Welche Stresssituationen der letzten Wochen fallen Ihnen spontan ein? Gibt es nervige Momente, die sich mit schauriger Regelmäßigkeit wiederhölen? Das nörgelnde oder trotzige Kind am Morgen? Der Chef, der immer kurz vor knapp noch etwas von Ihnen möchte? Die E-Mail-Flut? Der Abend mit der Familie, der schön sein soll und im Chaos endet?

Schreiben Sie drei belastende Alltagssituationen auf ein Blatt Papier. Lassen Sie zwischen den Situationen einige Zeilen Platz für weitere Notizen. Dann gehen Sie nach folgendem Muster vor:

SO MACHE ICH ES BISHER: Notieren Sie in Stichworten, wie Sie derzeit mit der jeweiligen Situation umgehen. Falls Sie Ärger mit Ihrer Tochter oder Ihrem Sohn haben, notieren Sie vielleicht: »Ich werde laut.« Oder: »Ich komme immer zu spät ins Büro, weil Klara nicht los zur Kita will.« In einer Stresssituation mit dem Chef: »Zähneknirschend erledige ich noch das Nötigste, bevor ich gehe.«

NACH ETWAS NEUEM SCHAUEN: Jetzt geht es darum, neue Handlungsmöglichkeiten zu entdecken, die Ihnen helfen könnten, die Situation weniger stressig und für Sie erfolgreicher zu meistern. Die folgenden Fragen sollen Sie inspirieren. Was fällt Ihnen dazu ein? Schreiben Sie Ihre Gedanken so spontan wie möglich in Stichworten auf.

- Wie würde Ihre beste Freundin in einer ähnlich stressigen Situation reagieren?
- Wie eine Frau, die berühmt und reich ist?
- Was würde ein Mensch mit einem anderen kulturellen Hintergrund tun?
- Wie würde ein Kind die Situation anpacken?
- Haben Sie ein Vorbild? Wie würde diese Person das Problem angehen?

Denken Sie beim Notieren Ihrer Antworten nicht zu lange nach! Sind Sie fertig? Dann schauen Sie sich Ihre Stichworte an: Gibt es da Ideen, die Ihnen gefallen, die Sie vielleicht sogar zum Schmunzeln bringen? Könnte man einige der Anregungen auf Ihren aktuellen Stress übertragen? Welche neuen Handlungsmöglichkeiten entstehen dadurch?

Lassen Sie Ihrer Fantasie viel Spielraum, notieren Sie auch ausgefallene und absurd klingende Einfälle. Nur so kann sich Ihr Blickwinkel verändern – und probieren Sie beim nächsten Mal die neuen Handlungsmöglichkeiten aus, die sich aufgetan haben.

Ein Beispiel: Bei der Stresssituation, dass der Chef immer kurz vor Feierabend noch etwas erledigt haben will, könnte Sie zum Beispiel inspiriert haben, was Sie unter der Frage: »Wie würde Ihre beste Freundin in einer ähnlich stressigen Situation reagieren?« notiert haben. Vielleicht steht da sinngemäß: »Die würde mit großen Augen den Chef theatralisch anschauen und stöhnen: ›Oje, Herr Maier, wie soll ich das denn noch unterbringen? Sie wissen doch, das und das und das soll bis morgen ja auch noch fertig werden. Was soll ich jetzt bloß liegen lassen, damit ich Ihre Sache schaffe?‹«

Zu der Frage: »Was können Sie davon umsetzen?« könnte dastehen: »So schauspielerisch veranlagt wie meine Freundin bin ich nicht. Aber interessant ist: Ich selbst sage in der Situation nie, dass ich noch andere Sachen auf dem Tisch habe. So ein wenig Aufdrehen könnte ich auch schon mal. Das probiere ich morgen gleich aus.«

Bei der Frage nach dem Vorbild und wie diese Person das Problem angehen würde, haben Sie vielleicht notiert: »Stimmt, da gibt es die Kollegin aus dem anderen Team, die finde ich wirklich toll. Die wirkt immer extrem souverän. Jedes Mal zu Beginn der Besprechungen sagt sie, was ihr Anliegen ist. Die anderen sind dann noch etwas zögerlich und fahren erst später auf, bis plötzlich alle von ihren Projekten erzählen wollen. Aber irgendwie setzt sich die Kollegin ganz schön in Position, weil sie gleich zu Anfang der Meetings so präsent ist.

Und kann ich von diesem Vorbild etwas für mich nutzen?

Ja, ich könnte rechtzeitig beim Chef reinschauen und ihm sagen, was ich noch zu tun habe und dass es ganz schön viel ist, darunter nichts Unwichtiges. Mal sehen, ob er dann noch auf die Idee kommt, mich kurz vor Feierabend mit einer Zusatzaufgabe zu belagern.«

Am Ende haben Sie möglicherweise viele verschiedene Ideen, die Sie testen wollen. Vielleicht springt Ihnen darunter auch eine sofort ins Auge – so wie bei Anja.

Anja ist alleinerziehend und fühlt sich extrem unter Druck, seit ihr Sohn in der Pubertät ist: »Er macht in der Schule nichts mehr, und zu Hause sperrt er sich nur noch in sein Zimmer ein. Ich versuche immer wieder mit ihm zu reden, aber er blockt total.« Sie hat Angst, völlig den Kontakt zu ihm zu verlieren. Sie überlegt, ob er eventuell Drogen nimmt, weil er so seltsam ist. Ihre große Sorge ist es, dass er die Schule schmeißt, weil sie ihn offensichtlich so gar nicht mehr interessiert. Häufig liegt sie nachts wach und überlegt, was sie falsch gemacht hat. Sie versucht, verschiedene Blickwinkel einzunehmen, und dabei fällt ihr ein, dass ihre beste Freundin einmal eine ähnlich stressige Situation hatte – allerdings mit ihrem Mann. Die Freundin hatte sich Hilfe in einer Beratungsstelle geholt. Irgendwie war danach alles in bessere Bahnen gekommen, erinnert sich Anja. Die Freundin und ihr Mann haben eine Paartherapie gemacht und sind immer noch zusammen.

Natürlich möchte sie ihrem Sohn keine Therapie aufdrängen, aber die Idee, bei einer dritten, unabhängigen Person Rat zu suchen, löst in ihr ein neues Gefühl der Zuversicht aus. Schon am nächsten Tag geht sie zur Erziehungsberatung, die von der Elternschule ihrer Stadt angeboten wird. Endlich kann sie mit jemandem über ihren Kummer und ihre Ängste sprechen. Und als sie die Elternschule verlässt, hat sie ein paar handfeste Tipps für den Umgang mit ihrem pubertierenden Sohn in der Tasche: Sie fühlt sich der Situation und ihrer Rolle als Mutter wieder gewachsen.

Wer nach weiteren Handlungsmöglichkeiten forschen möchte, kann auch folgende Übung machen:

Lernen von sich selbst:
Das habe ich schon mal geschafft!

Wege zu neuen Handlungsmöglichkeiten können sich auch ergeben, wenn man sich mit der eigenen Vergangenheit beschäftigt. Innere Blockaden, die durch zu viel Druck entstanden sind, lösen sich, wenn wir etwa an alte Erfolge in Sachen Stressbewältigung zurückdenken: Erinnern Sie sich an schwierige Situationen, die Sie gemeistert haben. Vielleicht haben Sie in einem Urlaub Ihr ganzes Geld verloren und trotzdem eine schöne Zeit gehabt. Oder es ist Ihnen gelungen, einen schlimmen Konflikt zum Guten zu wenden.

Schreiben Sie für diese Übung wieder drei Situationen auf, die Sie in der Vergangenheit als schwierig empfunden haben – für die Sie letztlich aber eine gute Lösung finden konnten. Mehr als ein Satz ist nicht nötig: »Ich hatte mal eine wirklich schwierige Situation, als ich ...« Lassen Sie darunter wieder Platz für weitere Notizen.

Danach fragen Sie sich, wie Sie das Problem gelöst haben. Schreiben Sie die Antworten in Stichworten auf: »Mein erster Schritt damals war ... Der zweite Schritt bestand darin, dass ich ... Und dann habe ich auch noch das getan ... Am Ende hab ich es geschafft, weil ich ...«

Schauen Sie sich jetzt Ihre Stichworte an. Wenn Sie die vergangene Erfahrung auf Ihre gegenwärtige Stresssituation übertragen – welche neuen Handlungsmöglichkeiten würden sich daraus ergeben? Schreiben Sie möglichst viele verschiedene Einfälle auf: »Wenn ich meine Erfahrung auf die aktuelle Situation übertrage, würde das heißen, dass ich ...« Danach wählen Sie die Idee aus, die Ihnen am meisten zusagt: »Das gefällt mir am besten, das probiere ich aus. Ich werde ...«

Hätten Sie es gewusst?

Stimmt es, dass man Stress auch einfach wegessen kann?

Leider wäre es etwas übertrieben zu glauben, man müsste nur richtig essen und schon würde man jeden Stress mühelos wuppen. Eher ist es so, dass unser Gehirn und unser Körper im Stress bestimmte Nährstoffe in größeren Mengen verbrauchen. Was heißt, dass wir in anstrengenden Zeiten mit der richtigen Ernährung unseren Organismus zumindest optimal für den Kraftakt unterstützen können. Darauf könnten Sie bei Ihrem Speisezettel besonders achten:[59]

Vitamine und andere Elemente, die Körper und Kopf im Stress besonders viel brauchen:

Magnesium – beruhigt das Nervensystem; ein Mangel kann Müdigkeit und Nervosität auslösen.

Vitamin C – unter Stress ist der Bedarf um rund 50 Prozent erhöht.

B-Vitamine – haben eine unerlässliche Funktion für das Nervensystem; wer davon zu wenig zu sich nimmt, wird reizbar.

Tryptophan – ist die Vorstufe von Serotonin, einem Hormon, das auch im Zentralnervensystem vorkommt und für ausgeglichene Stimmung und gute Laune wichtig ist.

Das sind die Nahrungsmittel, die uns die Stoffe liefern, die wir im Stress benötigen:

- Trockenfrüchte wie Feigen und Datteln (Magnesium)
- Haferflocken (Magnesium)
- Nüsse (B-Vitamine und Magnesium)
- Hülsenfrüchte wie Linsen, Kichererbsen (B-Vitamine)
- Smoothies (Zucker- und Vitaminlieferant)
- Himbeeren (Vitamin C, Tryptophan und Magnesium)
- Bananen (Tryptophan und Magnesium)
- Nudeln und Reis (Tryptophan)

Ein ideales Frühstück für einen stressigen Tag bestünde aus einem Müsli mit frischem Obst oder aus Vollkornbrot mit Obst. Das Getreide liefert satt machende Ballaststoffe und Tryptophan, das die Nerven stärkt. Die Früchte sorgen für die richtigen Anti-Stress-Vitamine.

Bei einem Nachmittagstief hilft Süßes tatsächlich, um die Konzentration wieder in Schwung zu bringen – aber nur in Maßen. Viel Wasser trinken, damit der Kopf klar denken kann!

7 Ein bisschen mehr Balance, bitte!

Siebter Schritt
So finden Sie trotz Stress den richtigen Rhythmus zwischen Anspannung und Entspannung

Eigentlich sitzt Julia Rössler den ganzen Tag lang unter Palmen. Zwar handelt es sich dabei nur um Werbeaufsteller aus Pappe, die hinter ihrem Schreibtisch im Reisebüro stehen, aber auch bei näherem Betrachten scheint der Job der Einunddreißigjährigen ganz schön und ganz entspannt zu sein. Seit fast zwei Jahren leitet die schmale, dunkelhaarige Frau das renommierteste Reisebüro in einer süddeutschen Kleinstadt, hat vier Mitarbeiter, bedient täglich die gut betuchte Lauf- und Stammkundschaft, richtet in den Räumen des Büros gelegentlich noch abendliche Infoveranstaltungen aus, zu denen die Leute gern kommen. Und auch die Zahlen stimmen. Denn Julia Rössler ist seit ihrer Ausbildung zur Reiseverkehrskauffrau vor zehn Jahren ein wahres Naturtalent in Sachen Verkauf.

Es scheint, als habe da jemand eine passende Position gefunden. Und das stimmt auch. Die Sache ist nur: Als Julia Rössler die Leitung des Büros übernahm, kam die junge Frau irgendwie aus dem Tritt. Weil so viel Arbeit anstand, verzichtete sie oft auf ihre Mittagspause und aß nur ein mitgebrachtes Brot vor dem Rechner, während die Kollegen zusammen nach draußen zum Essen gingen, ein Ritual, das sie früher, als sie selbst Mitarbeiterin war, immer sehr genossen hatte. Auch abends blieb sie oft länger im Laden, erledigte Papierkram, der tagsüber liegen geblieben war. Und da die kreative Büroleiterin auch noch den Internetauftritt überarbeitet hatte, der jetzt viele Kunden anlockte, pflegte sie dieses wichtige Marketinginstrument selbst – und zwar häufig am Wochenende. Wenn man sie fragte, warum sie eigentlich keine Pausen mache, oft Zwölf-Stunden-Tage habe und am Wochenende arbeite, zuckte sie mit den Schultern und erwiderte energisch: »Ich fühle mich verantwortlich, und die Arbeit macht mir ja auch Spaß.«

Nach einiger Zeit merkte die Reiseverkehrskauffrau aber, dass die viele Arbeit ihre Kondition beeinträchtigte. Sie war häufiger erkältet als früher, vormittags oft hundemüde, konnte sich nur schwer auf die Aufgaben konzentrieren. Hinzu kam, dass Julia Rösslers Lebensgefährte Gastronom ist und ein Restaurant betreibt. Häufig war er erst nach Mitternacht zu Hause, weckte dann seine Freundin, um von seinem Tag zu erzählen und zu hören, was sie erlebt hatte. Das war zweifellos schön, aber Julia merkte morgens, dass der Schlaf ihr fehlte. Dass sie nach einem wenig konzentrierten Vormittag dann wieder keine Mittagspause machte, weil sie ja noch was wegschaffen musste, war für sie nur logisch. Doch das war nur kurzfristig gedacht. Mit etwas mehr Weitblick hätte sich die Frage aufgetan, wie ein derartiger Teufelskreis zu durchbrechen sei, um wieder in einen natürlicheren Rhythmus zu kommen.

Vielen ambitionierten Mitarbeitern und Führungskräften passiert es, dass ihnen der innere Rhythmus, das Gefühl für Pausen und Erholungszeiten verloren geht. Denn gerade die Menschen, die gut und gern arbeiten, merken oft erst spät, dass der Stress sie im Griff hat, dass die Zeiten für Ruhe, Erholung, Hobbys immer mehr schrumpfen, dass die Arbeit sich in den Abend und in die Wochenenden schiebt und das ganze Leben strukturiert.

Wolfgang Kallus ist Arbeits- und Umweltpsychologe am Institut für Psychologie der Karl-Franzens-Universität in Graz. In einer Studie hat er die Pausenkultur in der EU untersucht und festgestellt, dass die meisten Beschäftigten dazu neigen, viel zu spät eine Auszeit zu nehmen.[60] Verstärkt wird dieses Verhalten durch Stress: »Je stärker der Stress, umso kleiner ist die Tendenz, Pausen zu machen«, erklärt Kallus.

Und je stärker der Stress wird, umso schwerer fällt es, in den Pausen, die noch gemacht werden, wirklich abzuschalten. Das hat Kai Seiler, Psychologe am Landesinstitut für Arbeitsgestaltung (LIA) in Nordrhein-Westfalen, in einer repräsentativen Befragung von über tausend Beschäftigten und Selbstständigen herausgefunden. 40 Prozent der Befragten gaben an, dass sie auch in ihrer Freizeit immer weiter an ihre Arbeit denken müssten und sich deshalb nur schlecht erholen können. 23 Prozent fühlten sich in der Grübelei über den Job sogar so gefangen, dass Erholung fast unmöglich sei. Besonders schwer fiel das Abschalten den Menschen, die in befristeten Jobs oder in Projekten arbeiteten, auch denen, die Arbeit mit nach Hause nehmen konnten.[61]

Dass wir immer weiterwuseln oder über unsere Arbeit

grübeln, statt wirkliche Pausen zu machen und uns zu erholen, hat dabei nichts mit mangelnder Willenskraft oder Arbeitssucht zu tun. Es ist nämlich gar nicht so einfach, die Aufmerksamkeit vom Job abzuziehen und Körper und Geist auf den Modus »Pause« umzustellen. Kai Seiler folgert aus seiner Studie, dass wir »neue Konzepte der Erholung«[62] brauchen, die uns helfen, in Zeiten mit hohem Druck zur Ruhe zu kommen und auch kurze Pausen optimal zu nutzen.

Neben der hohen Leistungsmotivation sind es bei einem gewissen Arbeitspensum vor allem die schon mehrmals erwähnten Stresshormone, die uns suggerieren, Pausen wären nicht notwendig. Erst wenn wir krank werden oder im Urlaub eine wirkliche Stressunterbrechung haben – und damit auch einen normalen Hormonspiegel –, wird uns plötzlich klar: Ja, richtig, es könnte auch ganz anders gehen. Warum stressen wir uns eigentlich immer so?

So erging es auch Julia Rössler. Während einer lang ersehnten zweiwöchigen Fahrradtour mit ihrem Freund durch Schweden wurde sie langsam ruhiger und merkte, dass ihre Methode des Immer-mehr-Arbeitens gar nicht zu den gewünschten Ergebnissen führte. Im Offline-Modus sah sie, dass sie vor allem dafür sorgen musste, ausgeschlafener zu sein und sich abends mehr zu erholen. Sie beschloss: Abends würde sie nicht mehr arbeiten, und ihr Freund dürfte sie nachts nicht mehr aufwecken, stattdessen mussten mehr gemeinsame Stunden zu anderen Zeiten her.

Mit den Vorsätzen kehrte sie ins Büro zurück, und einige

Wochen lief es auch gut. Aber irgendwann hatte der Alltag sie wieder gepackt, und Stress und hohes Arbeitspensum machten sich erneut breit. Trotzdem vergaß Julia Rössler nicht, sich zu fragen: Wie kann ich wieder in einen Rhythmus kommen? Warum ist es so schwer, sich nicht überrollen zu lassen? Wie muss ich meinen persönlichen Lebensstil und meine Arbeitsgewohnheiten ändern, damit ich nicht immer im Eigentlich-ist-alles-zu-viel-Gefühl lande? Und genau diesen Fragen wollen wir hier auf den Grund gehen.

Die Sache mit dem Mengenproblem

Um Schwierigkeiten bei der Tages- und Alltagsplanung herauszufinden, gibt es für gestresste Manager eine eindrucksvolle Übung.[63] Die Führungskräfte werden dabei aufgefordert aufzuschreiben, wie viel Zeit sie für einzelne Tätigkeiten in ihrem Leben ansetzen würden, wenn es ein guter Tag ohne zu viel Stress sein soll. Die Tätigkeiten sind »Schlafen«, »Arbeit«, »Familie/Partner«, »Eigene Freizeit« oder »Sonstige Verpflichtungen«. Ein stressfreier Tag sieht dann meist so aus: etwa acht Stunden Schlaf, acht Stunden Arbeit, zwei Stunden mit der Familie und der Partnerin beziehungsweise dem Partner, eine Stunde für sich selbst und so weiter. Am Ende werden die Stunden zusammengezählt. Und siehe da: Der perfekte Tag hat dreißig Stunden und mehr. Ein Ding der Unmöglichkeit – und doch sind jedes Mal viele Teilnehmer erstaunt, dass sie sich in ihrem Zeitgefühl so vertan haben. Sie hatten wirklich gedacht, dass sie, wenn sie sich nur ein wenig besser organisieren würden, alles gut in einem Tag unterbringen könnten. Erst nach der Übung wurde ihnen klar, dass sie ihren Tag sechs Stunden zusätzlich schenken mussten. Damit war ihre tägliche Zeitplanung zum Scheitern verurteilt, bevor sie ihr Frühstücksbrötchen aufgegessen hatten.

Diese Übung fällt vermutlich nicht nur bei Managern so aus, sondern bei uns allen. »Wir haben ein Mengenproblem«, stellt der Arzt und Gesundheitspädagoge Stefan Ueing nüchtern fest.[64] Wir alle haben fast immer viel zu viel auf unserer imaginären To-do-Liste. Und meist denken wir, dass alles zu schaffen sei, wenn – ja, wenn man sich ein wenig beeilt und keine Zeit verschwendet. Also überspringt man im Rennen durch den Tag unzählige kleinere und größere Hürden, reduziert die Erholungspausen auf ein Minimum – und schafft trotzdem nie alles, was man sich vorgenommen hatte.

Pausen – da passiert mehr, als man denkt

Durch rastloses Rasen ohne Stopps katapultieren wir uns in eine Stressspirale, die irgendwann nur noch schwer anzuhalten ist. Aber nicht nur das: Wer auf Pausen verzichtet, verzichtet auch auf alles andere, was in Ruhephasen passieren kann. Und das ist mehr, als gemeinhin angenommen wird.

Betrachten wir zum Beispiel die größte Pause eines Tages, unseren Schlaf. Auf den ersten Blick liegen wir in diesen

Stunden einfach im Bett und tun – nichts. Doch Studien zeigen, dass wir im Schlaf alles andere als Faultiere sind. Die äußere Ruhe ermöglicht Körper und Geist, wichtige Jobs zu erledigen, für die am Tag kein Platz war. Schlafen wir, erholt sich unsere Psyche, unser Gehirn sortiert Erlebtes und Gelerntes neu und bringt damit Ordnung ins Gedächtnis und in unsere Gefühle.[65] Wir lernen sogar im Schlaf: Menschen, die abends Vokabeln pauken und danach das Licht löschen, merken sich die Wörter besser, als wenn sie diese tagsüber gelernt hätten. In der Nacht sortiert das Gehirn die fremden Vokabeln nämlich ins Langzeitgedächtnis ein. Auch unsere Zellen regenerieren sich, wenn wir schlafen. Schlaf ist sozusagen das Turbo-Wellnessprogramm für Körper und Seele, das uns jeden Tag kostenlos zur Verfügung steht.

Aber selbst in kleineren Entspannungsphasen tagsüber finden Dinge statt, die in den aktiven Phasen, wenn wir dieses oder jenes erledigen, nicht möglich sind. Nur entspannt können wir unsere Aufmerksamkeit auf das Innere richten – und spüren, wie es uns wirklich geht. Insofern erleben wir das Gefühl von Glück immer im »Dazwischen«. Also dann, wenn wir nicht im Power-Modus, sondern innerlich ruhig sind. Nur dann ist es uns möglich, den Alltag mit einer gewissen Distanz zu betrachten – und festzustellen, was uns guttut und was nicht. Nur in relaxten Phasen ist unser Kopf so frei, dass uns ungewöhnliche Einfälle in den Sinn kommen. Sind wir angestrengt, heften wir unsere Aufmerksamkeit auf das Problem und schalten auf Tunnelblick und Autopilot um. Kreative Gedanken tauchen nicht auf. Das Phänomen kennt jeder: Die besten Ideen fallen uns oft nicht ein, wenn wir unbedingt eine

Lösung finden wollen – sondern unter der Dusche, beim Spazierengehen oder Autofahren. Genau dann, wenn unser Geist Pause macht.

An- und Entspannung – zwei Seiten einer Medaille

Ruhige Zeiten sind für unsere Gesundheit und Lebensfreude mindestens genauso wichtig wie die aktiven Episoden. Mediziner vergleichen den Wechsel von An- und Entspannung deshalb gern mit dem von Ebbe und Flut. Oder sie sprechen von den zwei Seiten einer Medaille, weil beides untrennbar zusammengehört und nur als Einheit Sinn macht.[66] Tony Schwartz, amerikanischer Managementtrainer, hat sich ausführlich mit der Frage beschäftigt, wie man einen positiven Energielevel über den ganzen Tag hinweg halten kann. Er betont: »Menschen sind so gebaut, dass sie am besten funktionieren, wenn sie rhythmisch zwischen den Polen ›Energie verbrauchen‹ und ›Energie erneuern‹ pulsieren.«[67] Mit anderen Worten: Wer öfter kurze Pausen macht, wird am Ende des Tages viel mehr geschafft haben als jemand, der ohne Stopps durchackert. Und: Der Pausenexperte wird auch abends noch genug Energie übrig haben, um sich mit anderen Dingen zu beschäftigen.

Dass es uns dennoch schwerfällt, Pausen und einen guten Rhythmus in unser Leben zu bringen, hängt zum großen Teil damit zusammen, dass die Aktivphasen einfach glamouröser erscheinen. In Aktion schafft man etwas. Wir arbeiten Akten und E-Mail-Anfragen ab oder bringen ein wichtiges Projekt voran. Wir machen den Haushalt oder fahren die Kinder von hier nach dort. Egal ob in der Firma oder in der Familie – hat man aktiv etwas erledigt, ist das Gefühl hinterher immer: Ah! Geschafft! Es ist der tägliche Kick, der uns beweist, dass wir unseren Alltag im Griff haben. Und auch Anerkennung bekommen wir vor allem in den Phasen, in denen wir aktiv sind. Fast niemand wird uns dafür loben, dass wir uns eine super Auszeit am Nachmittag genommen haben oder endlich wieder gut schlafen. Die Aktion ist für die Welt. Die Ruhe ist nur für uns.

An dieser Stelle sei noch einmal an die Reisebüroleiterin Julia Rössler erinnert. Sie hatte sich in einem Urlaub vorgenommen, den ruhigen Modus erneut in ihr Leben zu integrieren, war aber vom Alltag ständig gnadenlos überrollt worden: Sie wollte mehr schlafen – aber ihr Freund kam oft erst nach Mitternacht nach Hause, da wurde sie wach, ohne dass er sie wecken musste. Sie wollte nach Reisebüroschluss nicht mehr arbeiten – aber dann standen doch wieder Abendveranstaltungen oder Extraaufgaben an. Irgendwann merkte sie, dass sie noch kleiner anfangen, ihr stressiges Leben gleichsam im Stundentakt ändern musste. Sie setzte bei den Pausen an, gestaltete den Tag mit mehreren kleinen Pausen, in denen sie kurz in den Mitarbeiterraum ging, einen Schluck Wasser trank, aus dem Fenster in den Hof guckte. Außerdem legte sie fest, dass sie wieder mit ihren Kolleginnen in die Mittagspause gehen würde – so wie sie es früher gern gemacht hatte.

Diese beiden kleinen Änderungen konnte sie ohne Schwierigkeiten durchhalten. Und die kleinen Schritte hatten große Wirkungen. Nach ein paar Wochen mit Mittagspause fiel ihr ein, dass sie sich ja auch mal mittags mit ihrem Freund verabreden konnte, wenn der seinen freien Tag hatte. Seitdem war sie abends nicht mehr so von Arbeit aufgepeitscht, schaffte es leichter, nach Ladenschluss das Reisebüro zu verlassen. In ihrer freien Zeit fing sie an, mit einer Freundin Fitness zu machen. Die Müdigkeit ist zwar nicht ganz aus ihrem Leben verschwunden, aber längst ist sie nicht so erschöpft und so oft erkältet wie früher. »Ich übe ja noch«, sagt sie von sich selbst. »Ich will noch besser werden.« Und mit dieser Haltung kommt sie langsam zurück in einen gesunden Rhythmus.

Warum wir Pausen so oft vergessen

Ruhepausen wirken neben Aktivitäten wie Mauerblümchen auf einer Party. Irgendwie nett, aber auf den ersten Blick auch ein wenig langweilig. Und genau wie Mauerblümchen werden Ruhepausen deshalb notorisch unterschätzt. Aber das ist nur ein Grund, warum wir Pausen nicht selten vergessen. So ist das Umschalten von Anspannung auf Entspannung gar nicht so leicht. Man denkt, man müsste dazu nur einen Schalter umlegen, also einfach mit der Aktion aufhören, um in die Ruhezone zu gelangen – doch in der Regel klappt es nicht, schnell mal den Modus zu wechseln, von »on« auf »off« zu gehen. Dann wundern wir uns oder werden sogar ärgerlich, weil wir nicht abschalten können, weil uns noch weiter die Arbeit im Kopf herumgeht oder wir nicht dazu in der Lage sind, etwas, das uns ärgert, gedanklich zu stoppen.

»Es gibt eine Übergangsphase, in der man nicht mehr stark angespannt, aber noch nicht entspannt ist«, erklärt der Arzt Stefan Ueing.[68] Diese Zeit fühlt sich häufig nicht besonders gut an. Eher langweilig, wie vertane Zeit. Oder wir hängen dabei in Gedanken noch an den Situationen des Tages fest. Solche Übergangsphasen sind jedoch normal, betont Ueing. Wir haben keinen An- und Ausschalter, mit dem wir von Alltag auf Abendprogramm wechseln können. Unsere Psyche braucht fließende Übergänge, braucht Zeit, um sich anzupassen. Wenn man das akzeptiert, kann man lernen, mit diesen Zwischenzeiten positiv umzugehen.

Machen Sie also in Ihrem Leben bewusst Platz für Pausen. Sie können sowieso nie alles schaffen, was ansteht, also schalten Sie einfach mal drei Gänge runter – ganz egal, wie lang die To-do-Liste noch ist.

Die gute Nachricht: Sie können die Zeiten für Entspannung und Erholung genauso aktiv gestalten wie die anderen Aufgaben in Ihrem Alltag: Sie nehmen es sich vor und setzen sich dafür ein, dass Sie wirklich Ihre Ruhe haben, abschalten und loslassen können. Es klingt vielleicht paradox, aber um sich erholen zu können, muss man aktiv werden. Man muss sich einen Raum schaffen, in dem man seine stille Seite pflegt und sich selbst zuhört – unabhängig von den dringlichen Aufgaben, die scheinbar keine Minute aufgeschoben werden dürfen.

Die folgenden praktischen Übungen haben alle ein Ziel: einen gesünderen Rhythmus in den Tag zu bringen. Fangen Sie mit der Übung an, die Ihnen am leichtesten erscheint.

 *Mach mal Pause!*

KURZE PAUSEN: Nach etwa ein bis eineinhalb Stunden konzentrierter Arbeit braucht unser Kopf eine Pause, unser Körper ein Getränk, unsere Rückenmuskulatur eine Dehnung. Häufig erleben wir diesen Ruf nach Erholung auch als ein kleines Tief, das uns anzeigt: »Mach mal Pause!«[69]

Setzen oder stellen Sie sich für eine effektive Fünf-Minuten-Pause möglichst aufrecht hin. Es kann dazu hilfreich sein zu imaginieren, dass an der obersten Stelle Ihres Kopfes ein dünner Faden ist, der Sie ganz leicht nach oben zieht. Die Wirbelsäule streckt sich, das Becken kippt leicht nach vorne. Lockern Sie bewusst Ihre Muskeln (vor allem die Schultern sind oft hochgezogen).

Schließen Sie jetzt die Augen, und atmen Sie tief in den Bauch ein – die Bauchdecke hebt sich. Dann ausatmen – die Bauchdenke senkt sich. Achten Sie darauf, dass Sie langsam und möglichst lange ausatmen. Wenn wir lange ausatmen (etwa doppelt so lange wie einatmen), aktivieren wir automatisch unseren (vegetativen) Ruhenerv, den Parasympathikus. Körper und Geist erhalten das Signal: Entspannung! Gehirnaktivität und Herzschlag kommen dann in einen harmonischen Rhythmus.

Manchmal lenken uns unruhige Gedanken davon ab, tiefer in diese ruhige Stimmung einzusteigen. Das ist normal. Die in uns rotierenden Überlegungen verlieren ihre Kraft oder verschwinden sogar von selbst, wenn man nicht versucht, sie mit aller Macht abzuwehren, sondern sie einfach wie Wolken am Himmel vorbeiziehen lässt.

Die kurzen Atempausen wirken am besten, wenn man es sich zur Gewohnheit macht, sie als Abschluss von Aktivphasen zu sehen. Wenn Sie zum Beispiel die Kinder in der Kita abgeliefert haben: atmen. Nach dem Meeting: atmen. Nach dem Gespräch mit dem Chef: atmen. Vielleicht hilft Ihnen ein Bild, diese Übung in Ihren Alltag aufzunehmen: Wenn Sie eine Aufgabe anpacken, öffnen Sie in gewisser Weise die Tür zu einem Raum. In diesem Raum erledigen Sie etwas. Und wenn Sie fertig sind, gehen Sie wieder raus und schließen die Tür – die Atemübung hilft Ihnen beim Zumachen. Betrachten Sie die kurzen Atemübungen als Anlass, um zu spüren, dass Anspannung und Entspannung zusammengehören.

»Die Körperwahrnehmung ist die Basis auf dem Weg zur inneren Mitte«, erklärt Stressexperte Manfred Nelting. Die Fähigkeit, den Fokus von der äußeren Welt auf die innere zu lenken, ist für ihn nicht nur der Schlüssel zu mehr Gelassenheit, sondern auch zu größeren Veränderungen, um sich zum Beispiel gegen überzogene Ansprüche zu wehren. Erst aus dieser Haltung heraus können wir ein Nein entwickeln, das wir auch unserem Gegenüber zu verstehen geben. (Wie man diese Abgrenzung und das Nein-Sagen im Alltag gut hinbekommt, erfahren Sie unter Schritt 8.)

GEHIRNPAUSEN MIT KÖRPERENTSPANNUNG: Brain Gym (Gymnastik fürs Gehirn), das bereits in den Achtzigerjahren in Amerika entwickelt wurde und Erkenntnisse aus der Gehirnforschung berücksichtigt, ist nicht identisch mit

Gehirnjogging.[70] Beim Brain Gym geht es um bestimmte Körperübungen und leichte Klopfmassagen, die sowohl das Gehirn aktivieren wie auch den Körper entspannen. Eine dieser Übung nennt sich »Simultanzeichnen«: Malen Sie dazu mit beiden Händen gleichzeitig ein symmetrisches Muster in die Luft, ein Herz, eine Blume oder einen Tannenbaum.

Eine weitere Brain-Gym-Übung heißt »Mehl abstauben«: Stellen Sie sich vor, jemand hätte einen Sack Mehl über Sie ausgeschüttet. Alles ist weiß bestäubt. Klopfen Sie nun Ihren ganzen Körper mit der flachen Hand ab, als wollten Sie Mehl von den Kleidern entfernen. Sie beginnen mit dem Kopf, den Haaren, dem Gesicht, dann folgt die äußere Armpartie bis zum Handrücken. Danach drehen Sie die Hand um und klopfen innen am Arm wieder hinauf bis zur Schulter. Genauso die rechte Schulter und den rechten Arm abklopfen. Es geht weiter mit Bauch und Po. Schließlich kommen die Beine dran, und wieder fangen Sie erst außen an und klopfen bis zu den Füßen hinunter; an der Innenseite des Beines wird dann hinaufgeklopft.

KURZENTSPANNUNG FÜR HIRN UND NACKEN: Ihr rechter Arm hält locker die linke Schulter fest. Jetzt drehen Sie Ihren Kopf langsam nach links, anschließend nach rechts. Denken Sie daran, wie es die Eulen machen. Wechseln Sie nun den Arm und umfassen Sie mit dem linken Arm Ihre rechte Schulter. Bewegen Sie nun den Kopf zuerst nach rechts, anschließend nach links.

ZEHN MINUTEN AN DER FRISCHEN LUFT: Das ist der Pausen-Booster Nummer eins. Gehen Sie deshalb so oft wie möglich nach draußen. Parken Sie zum Beispiel Ihr Auto nicht in Büronähe, und wenn Sie öffentliche Verkehrsmittel benutzen, steigen Sie eine Haltestelle früher aus – so haben Sie gleich eine Übergangszone, bevor Sie sich auf den Job oder den Feierabend einlassen.

Kurze Pausen sind Inseln der Gelassenheit im hektischen Alltag, sie lassen uns ausruhen und Energie tanken. Danach fällt es dem entspannten Hirn sehr viel leichter zu entscheiden, was als Nächstes wichtig ist und welche Aufgaben noch warten können oder sowieso gar nicht auf unseren Tisch gehören. Wer es schafft, sich über den Tag hinweg immer wieder in diese gelassene Grundstimmung zu bringen, ist weniger anfällig für das Gefühl, in einem Hamsterrad zu stecken, und bekommt mehr und mehr das Empfinden, den Tagesrhythmus selbst zu bestimmen und damit auch das eigene Leben in der Hand zu haben.

Manche Unternehmen haben mit einer Pausenkultur experimentiert und ihre Mitarbeiter aufgefordert, sich öfter auszuruhen. Per Intranet bekamen die Beschäftigten Anleitungen für kurze Bewegungspausen. Kurze Spaziergänge, ein Plausch auf dem Flur oder ein kurzer Zwischenstopp am Bistrotisch waren ausdrücklich erwünscht. Das Ergebnis: Nach einigen Wochen berichteten die Mitarbeiter, dass sie nachts besser schlafen könnten, sich insgesamt fitter fühlen würden. Die Pausen am Tag hatten ihr Anspannungsniveau gesenkt, eine positive Spirale war in Gang gekommen.[71]

Die Mittagspause ist übrigens eine der wichtigsten Pausen des Tages. Wer keine Mittagspause macht, wird sich am Nachmittag gehetzt fühlen. Mediziner empfehlen, dass man sich für die Mittagspause mindestens zwanzig Minuten Zeit nehmen sollte. Sonst spürt der Körper nicht, ob man satt ist oder nicht. Wer schnell vom Tisch aufspringt, weil er zurück an seinen Arbeitsplatz will, hat nach einer Stunde oft schon wieder Bärenhunger, insbesondere auf Süßes. Die perfekte Mischung besteht darin, in Ruhe zu essen und anschließend einen kleinen Spaziergang an der frischen Luft zu absolvieren. Versuchen Sie in der Mittagspause auch dem Kopf eine Pause vom Job zu geben, und sprechen Sie nicht ausufernd über das, was Sie gerade an Aufgaben zu erledigen haben.

Die kurzen Pausen am Tag können dafür sorgen, dass man auch abends besser zur Ruhe kommt. »Entspannung ist der Königsweg in den Schlaf«, erklärt Jürgen Zulley, Schlafforscher und Professor für Biologische Psychologie an der Universität Regensburg.[72] Weiterhin ist hilfreich, sich keine aufregenden Filme anzuschauen; und gehen Sie jetzt länger spazieren, vielleicht dreißig Minuten. Auch andere Rituale schalten Körper und Geist in den Ruhemodus: ein paar Seiten in einem Buch lesen. Einige Zeit an einer Bastelarbeit sitzen. Ein warmes Bad nehmen.

Wer nachts aufwacht und nach ungefähr einer Viertelstunde nicht wieder einschläft, sollte besser aufstehen und einen Tee trinken, als grübelnd im Bett liegen zu bleiben. Oder denken Sie sich eine »Schlaf-Fantasie« aus, etwa ein Urlaubsbild, das sie mit Entspannung verbinden. Dazu kann man sich weitere Szenen ausmalen – die positiven Vorstellungen und Gefühle machen ruhiger und erleichtern das Einschlafen.

Im gesunden Takt –
unser natürlicher Biorhythmus

Seit vielen Jahren erforschen Biologen und Mediziner, welche Rhythmen das Leben der Menschen bestimmen. Neben den Hochs und Tiefs, die unseren Tag im Sechzig- oder Neunzig-Minuten-Rhythmus strukturieren, existieren nämlich noch andere Rhythmen. So gibt es Menschen, die frühmorgens fit sind und dann ihre geistige Hochphase haben, andere wiederum, die erst später, ab etwa zehn Uhr vormittags, richtig wach sind. Chronobiologen, die sich mit physiologischen Prozessen und Verhaltensmustern von Organismen beschäftigen, nennen die Frühaufsteher »Lerchen«, die Spätaufsteher »Eulen«. Lerchen können demnach morgens gut denken, Eulen kommen erst am späten Vormittag in Schwung, wenn überhaupt. Manchmal haben sie ihre beste Schaffensphase auch erst am frühen oder sogar späten Nachmittag, wenn Lerchen häufig eine zweite gute Konzentrationsphase haben.

Zu welcher »Vogelart« gehören Sie? Freuen Sie sich, wenn morgens noch niemand im Büro ist und Sie ungestört losarbeiten können? Sind Sie vielleicht sogar genervt, wenn Sie in diesen frühen Stunden unterbrochen werden? Dann sind Sie vermutlich eine Lerche. Wenn jedoch Ihre kreative Phase immer genau dann beginnt, wenn die anderen zum Mittagessen gehen oder wenn es am späten Nachmittag im Büro leerer wird, dann haben Sie wohl die Tendenz zur Eule.

Wer gegen den eigenen biologischen Rhythmus lebt, sabotiert die natürliche Abfolge von An- und Entspannung. Man quält sich mit Aktivitäten durch die Zeit, in der man biologisch ein Down hat (die Eulen mit E-Mails vor zehn Uhr, die Lerchen mit Konzeptaufgaben am späten Nachmittag). Die Folgen sind bekannt: Stress macht sich im Körper breit.

Wenn Sie unsicher sind, welcher Typ Sie sind, dann beobachten Sie sich selbst:

Bin ich eine Lerche oder eine Eule?

Malen Sie auf einem Blatt Papier einen Zeitstrahl mit den vierundzwanzig Stunden des Tages – und im rechten Winkel dazu eine Linie mit den Ziffern von 0 bis 10. 0 steht für: »Da schlafe ich«, 10 für: »Hui, da bin ich superfit!« Diese Grafik führen Sie für ein, zwei Tage (auch länger) und tragen jede Stunde per Kreuz ein, wie Sie sich gerade fühlen. So bekommen Sie einen Überblick über Ihre Top- und Flopp-Phasen und können besser Ihren Chrono-Typ einschätzen.

Tendenziell sind Lerchen wie auch Eulen in der Phase ihrer ersten Tagesaktivitäten gedanklich leistungsfähiger und kreativer (nur eben zu anderen Anfangszeiten). Die ersten Bürostunden sind somit ideal, um konzeptionelle Aufgaben in Angriff zu nehmen und komplexe Gedanken durchzugehen. Nach dem Mittagstief sind wir besonders kommunikativ, und der Austausch mit anderen belebt uns. Besprechungen nach 14 Uhr sind ideal. Am Schreibtisch hängt man in dieser Phase eher schlaff herum. Eulen können noch auf einen kreativen Schaffenskick hoffen, Lerchen haben im besten Fall schon morgens erledigt, was ihre komplette Aufmerksamkeit benötigte. Versuchen Sie, Ihren Tag nach diesen Erkenntnissen umzustrukturieren – und Sie werden merken, dass der Stresspegel sinkt.

Noch ein Tipp: Um daran erinnert zu werden, welcher Biorhythmustyp Sie sind, können Sie sich eine Postkarte oder ein ausgedrucktes Internet-Bild von einer Lerche oder Eule ins Zimmer hängen. Mit solchen Symbolen verankert man das Wissen über sich selbst immer tiefer im Bewusstsein.

Tage und Welten verändern

MEIN TAG: Vielleicht sagen Sie jetzt: »Hm. Das klingt ja ganz gut. Aber ehrlich: Ich bin nicht diejenige, die den Rhythmus meines Tages vorgibt. Da sind die Anfangszeiten im Job, da ist der Stundenplan der Kinder, da geht es nach den Vorlieben meines Chefs. Ich bestimme da gar nicht viel.«

Mit diesem Einwand haben Sie recht, wenn Sie sich Ihren Alltag im Ganzen anschauen. Doch wenn Sie Ihren Tagesablauf etwas detaillierter betrachten, werden Sie Möglichkeiten entdecken, Ihren persönlichen Rhythmus von An- und Entspannung auszubauen – etwa mit der Skizze »Mein Tag«:

Malen Sie auf ein Blatt Papier einen großen Kreis. Das ist Ihre Tagesuhr. Tragen Sie die Ziffern 12, 3, 18 und 21 in den Kreis ein, vergleichbar dem Ziffernblatt einer Uhr – die weiteren Stunden können Sie mit Strichen kennzeichnen. Nun gehen Sie gedanklich Ihren Tag durch. Um wie viel Uhr stehen Sie auf? Wann ist Frühstück? Zu welcher Zeit brechen Sie von zu Hause auf? Wann sitzen Sie hinter Ihrem Schreibtisch?

Gehen Sie im Stundentakt durch den Tag, und notieren Sie am Rand des Zifferblatts die Tätigkeit, die in dieser Zeit ansteht. Natürlich sind nicht alle Tage gleich. Aber stellen Sie sich einen Tag vor, den Sie anstrengend in seinem Ablauf finden. Falls Sie sehr unterschiedliche Tagesrhythmen haben, können Sie auch Alternativen an die Uhrzeiten schreiben.

Im zweiten Schritt nehmen Sie einen blauen, roten und grünen Stift zur Hand und markieren die Tagestätigkeiten, indem Sie sie unterstreichen oder ein kleines Kreuzchen danebenmalen:

Rot steht für: »Stresst mich oft.«
Blau steht für: »Ist meist eine gute Zeit.«
Grün steht für: »Hier fühle ich mich richtig wohl.«

Schauen Sie sich jetzt Ihre Tagesuhr an. Wo sind die stressigen Zeiten? Zu welcher Tageszeit und bei welchen Tätigkeiten wird es eng? Wann und bei was läuft es gut? Wann fühlen Sie sich besonders wohl? Gibt es feste Zeiten, in denen Sie entspannt sind?

Die Bestandsaufnahme kann zeigen, an welchen Stellen des Tages Ihre Stressfallen häufig zuschnappen. Und genau an diesen Punkten lohnt es sich zu schauen, wie Sie die anstrengenden Tageszeiten weniger belastend gestalten können. Ähnlich geben Ihnen die »grünen Bereiche« einen Hinweis darauf, welche Erholungszeiten für Sie richtig und wichtig sind.

Nun müssen Sie etwas kreativ werden. Denn vermutlich haben Sie schon vieles getan, um Ihren Tagesablauf so optimal wie möglich zu strukturieren. Aber überlegen Sie noch einmal anhand der Anregungen, die Sie in diesem Kapitel bekommen haben:

• Wie kann ich die besonders stressigen Zeiten entzerren? Durch eine Pause? Ein Übergangsritual? Eine Anpassung an meinen Biorhythmus?

• Wie kann ich meine Wohlfühlzeiten ausbauen beziehungsweise dafür sorgen, dass ich sie wirklich jeden Tag erleben kann?

Schreiben Sie Ihre Gedanken unter die Uhr mithilfe von drei Spalten: »Situation/Tageszeit«, »Stressige Zeiten entzerren« und »Wohlfühlzeit ausbauen«. In die erste Spalte notieren Sie die Situation/die Tageszeit, an der Sie etwas verändern möchten, und in die beiden anderen Spalten Ihre Ideen, was es konkret sein könnte.

Am Ende könnte dabei herauskommen, dass Sie wenig feste Wohlfühlzeiten innerhalb eines Tages haben, schon gar nicht im Job. Sie könnten dann überlegen, wie das zu ändern wäre, damit Sie täglich verlässliche Momente zum Verschnaufen haben.

Vielleicht stellen Sie aber auch fest, dass die Wohlfühlzeiten vor allem mit Ihrer Arbeit verbunden sind und dass hauptsächlich Ihr Privatleben schwierig ist, weil zu viel Familie auf Ihren Schultern lastet.

Lassen Sie bei dieser Übung Ihrer Fantasie freien Lauf. Stellen Sie sich vor, es ginge um einen Wettbewerb: Sie sollen einen Tag optimal in Richtung wenig Stress und viel Wohlgefühl drehen. Wenn Ihnen die Wettbewerbsidee nicht gefällt, nehmen Sie den Tag einer guten Freundin – was würden Sie ihr raten?

ZWEI BLATT PAPIER – ZWEI WELTEN: Sylvia Kéré Wellensiek, Trainerin und Expertin für psychische Widerstandskraft, hat in ihren Seminaren festgestellt, dass die meisten Menschen bei den Situationen, die sie stressen, erst einmal auf dem Zettel haben, was sie alles nicht verändern können. Doch wenn sie sich dann auf die Frage einlassen, was man denn verändern könnte, sodass es für einen besser wird, nimmt die Liste kein Ende und ist schließlich länger als die der unveränderlichen Dinge. Ein kleiner Trick kann dabei helfen, sich diesen Raum der »veränderbaren Welt« etwas näher anzuschauen:[73]

Sie legen sich zwei Papierbögen auf den Boden – der eine steht für die »veränderbare Welt«, der andere für die »unveränderbare Welt«. Jetzt stellen Sie sich auf einen dieser Papierbögen und lassen Ihren Gedanken für ein paar Minuten freien Lauf. Anschließend wechseln Sie auf den anderen Papierbogen. Am besten zwischendurch eine kurze Pause einlegen oder eine Entspannungsübung machen, damit man etwas Abstand gewinnt.

Sind beide Standpunkte ausgelotet, können Sie Ihre Gedanken zu den unveränderlichen Dingen und zu den veränderlichen Dingen in der momentanen Lebenssituation notieren. Sie haben nun eine ganze Reihe von Anregungen, an welchen Stellen man sehr wohl etwas verändern könnte. Bringen Sie einige Anregungen in Ihr Leben ein, Sie werden merken, dass Sie sich schon bald viel energetischer fühlen. Sie werden an Ihren Aufgaben mehr Freude haben, besser vorankommen – und sich leichter Lästiges vom Hals halten.

Hätten Sie es gewusst?

Wie viel Stress kann man aushalten?

Wie lange kann man einen stressigen Job machen, ohne krank zu werden? Wissenschaftliche Mitarbeiter vom Institut Arbeit und Qualifikation (IAQ) der Universität Duisburg-Essen haben auf diese Frage eine klare Antwort gefunden: Nach acht Wochen im Dauerstress kommt unsere Psyche und damit unser Wohlbefinden richtig ins Schleudern; wir fühlen uns hundemüde, werden nervös und können nicht mehr abschalten. »Stressphasen von mehr als acht Wochen führen zu einer Zunahme chronischer Erschöpfung – einem Frühindikator für Burn-out«, erklären Erich Latniak und Anja Gerlmaier vom IAQ.[74]

Wie kommen die beiden Wissenschaftler zu der Erkenntnis? Für eine Studie begleiteten sie sechzehn Monate lang sieben Projektgruppen aus der IT-Branche bei ihrer Arbeit. Projektarbeiter aus der IT-Branche eignen sich gut für Untersuchungen zum Thema Stress, weil der Druck in dieser Branche stets hoch ist. Sie entwickeln neue Programme, damit Urlaubsreisen am Computer noch schneller gebucht werden können und das Auto fast wie von selbst seitlich einparkt. Der Arbeitgeber profitiert bei der Projektarbeit, weil er für jede Aufgabe die Leute in einem Team zusammenstellt, die er für besonders geeignet hält. So wird jeder Beschäftigte optimal eingesetzt – zum Teil in mehreren Projekten zeitgleich.

IT-Mitarbeiter gelten als Vorreiter für einen perfekten Arbeitsstil in der Wissensgesellschaft, insofern sind sie ein bisschen die Labormäuse der modernen Arbeitswelt. Und diese Labormäuse haben gezeigt, dass Projektarbeit Spaß macht – weil man kreativ sein kann, immer wieder mit interessanten Kollegen zusammenarbeitet und vieles selbst entscheiden darf. Aber sie verursacht auch viel Stress: Durch »permanenten Zeitdruck, nicht geplanten Zusatzaufwand, Arbeitsunterbrechungen und Lernrestriktionen«, so Latniak und seine Kollegen.[75] Lernrestriktionen bedeuten, dass man gestellte Aufgaben nicht gut lösen kann, weil wichtige Hintergrundinformationen fehlen.

Vielleicht fragen Sie sich jetzt: Und? Was hat das mit mir zu tun? Aber wenn Sie an Ihren Berufsalltag denken, werden Sie sehen, dass Ihre Arbeit an vielen Stellen auch schon in Projekten organisiert ist. Vielleicht arbeiten sogar Sie selbst schon für verschiedene Aufgaben in verschiedenen Teams mit. Und alle, die Beruf und Kinder unter einen Hut bringen müssen, werden feststellen, wie sehr sich die stressigen Rahmenbedingungen von Projekten denen von berufstätigen Eltern ähneln: Man muss unter Zeitdruck funktionieren, hat verschiedene gleichgewichtige Aufgaben parallel zu erledigen, muss ständig Lösungen für Probleme finden, bekommt laufend Zusatzaufgaben rein und kann mittags noch nicht sagen, welche Schwierigkeit am Nachmittag auftauchen wird.

Die Experten vom IAQ fanden auch heraus, was den Dauerstress stoppt: Die Beschäftigten, die mehr Handlungsspielraum hatten, zeigten weniger Stress, auch jene, die auf Erholungszeiten achteten oder sogar durch das Projektmanagement dabei unterstützt wurden. Erich Latniak empfiehlt deshalb: »Regelmäßige Erholungspausen bei der Arbeit – also mehrere über den Tag verteilte Pausen und ein konsequentes Freihalten der Wochenenden – sind zur Stressprävention deutlich wirksamer als Angebote von Blockurlaubszeiten oder Sabbaticals.«

8 Öfter Nein sagen – und besser entspannen!

Achter Schritt
Wie Sie es schaffen, Nein zu sagen

Kennen Sie den Satz des Pythagoras? Wahrscheinlich steigen verschwommene Erinnerungen an lang zurückliegende Schulstunden auf, an Geometrie und rechtwinklige Dreiecke. Aber der griechische Philosoph der Antike hat auch noch einen anderen berühmten Satz geprägt, der kaum etwas mit Mathematik zu tun hat. Er lautet: »Die kürzesten Wörter, nämlich ja und nein, erfordern das meiste Nachdenken.«[76] Mit dieser Weisheit spricht Pythagoras vielen Menschen bis heute aus der Seele. Laut einer Emnid-Umfrage aus dem Jahr 2012 fällt es über 80 Prozent der Deutschen schwer, Nein zu sagen. In der Gruppe der Dreißig- bis Vierzigjährigen liegt die Zahl sogar noch höher.[77] Wir zögern und zaudern, statt Klartext zu reden, wir schummeln uns drumherum, manchmal sind wir sogar verzweifelt, weil wir uns so schwer abgrenzen können. Fast jeder hat wohl eine Freundin, die in Abständen immer mal wieder seufzt und sagt: »Ich muss endlich mal Nein sagen lernen.« Dabei liegt bereits in dem Tonfall eine bittersüße Resignation, ein Wissen, dass es eh nicht gelingt.

Andere Frauen sind fast genervt, wenn man ihnen zu verstehen gibt, dass sie öfter mal Nein zu anderen und Ja zu sich selbst sagen sollen. Sie haben das Gefühl, dass sie das schon oft gehört haben und dass solche allgemeinen Ratschläge ihnen letztlich überhaupt nichts nützen. Die Sache ist nur die: Das Nein-sagen-Können ist eine Art Nadelöhr, durch das wir auf jeden Fall müssen, wenn wir ruhiger, gelassener und freudvoller leben wollen. Wir wollen aber nichts beschönigen: Psychologen sind sich einig, dass das Nein-Sagen keinesfalls etwas ist, was man einfach so mal eben aus dem Ärmel schüttelt. Grenzen setzen zu können ist ein Lernprozess, und der braucht Zeit.

Elke Rehhorn ist Psychotherapeutin und hat in ihrer Hamburger Praxis immer wieder festgestellt, dass in der Annahme, man müsse sich zum beherzten Nein-Sagen nur überwinden, und dann würde es schon klappen, eine Menge Frustpotenzial liegt. »Das Nein-Sagen müssen viele Frauen regelrecht trainieren und mit Tricks und Kniffen unterstützen«, erzählt Rehhorn. Die beste Voraussetzung fürs Nein-sagen-Lernen ist, so die Psychotherapeutin, geduldig in kleinen Schritten voranzugehen. Am Ball bleiben wir, wenn wir uns vor Augen halten, dass es auch Spaß machen kann, mit dem Nein-Sagen zu experimentieren. Dass es uns ein Gefühl von Freiheit gibt. Denn wenn wir uns abgrenzen, bekommen wir Raum und Zeit geschenkt. Mit diesem Grundgefühl hätten wir mehr Motivation, die verschiedenen Stufen und Schwierigkeitsgrade beim Nein-sagen-Lernen mutig zu durchlaufen und einzuüben – bis wir eines Tages tatsächlich einen schwarzen Gürtel in Sachen Abgrenzen haben.

Stressmediziner sehen im Nein-Sagen einen der wichtigsten Aspekte, um den eigenen Alltag vor einem Übermaß an Hektik und Druck zu schützen. Dagmar Ruhwandl, Psychiaterin und Lehrbeauftragte der Technischen Universität München, hat in ihrer jahrelangen Beratung von gestressten Frauen und Frauen mit Burn-out immer wieder beobachtet, dass die meisten von ihnen vor allem zwei Probleme haben: Sie können sich keine Hilfe holen und anderen gegenüber nicht Nein sagen.[78] Eine fatale Mischung. Denn wann immer Mitmenschen in eine Zwangslage geraten und um Hilfe bitten, geben sie sofort großzügig Unterstützung. Sind Frauen aber selbst in Nöten, beißen sie die Zähne zusammen und versuchen, alles allein zu bewältigen. Dass so niemand auf Dauer gelassen und fröhlich leben kann, ist vorprogrammiert.

Der erste Schritt ist deshalb, mit dem bereitwilligen Ja, so schön es auch klingt, viel geiziger und sparsamer umzugehen. Vielfach glauben wir, ein oder zwei tägliche Ja-sage-Momente, die vorher nicht eingeplant waren, fallen letztlich nicht weiter ins Gewicht. Dabei ist das Gegenteil der Fall. Oft wird aus einem gut zu bewältigenden Aufgabenpensum ein kompletter Chaostag, wenn man an zwei Sollbruchstellen nicht Nein, sondern Ja gesagt hat. Wenn man schnell noch einen Kuchen fürs Schulfest backen will, ungeplant eine halbe Stunde mit der Freundin telefoniert, weil die ein dringendes Problem hat, oder rasch im Auftrag des Partners ins Lampengeschäft fährt, damit zur Essenseinladung am Samstag die perfekte Beleuchtung am Tisch herrscht, kommt der ganze Ablauf ins Schlingern. Das fragile Gleichgewicht des Tages stürzt in sich zusammen, wenn wir zu viele unwichtige Dinge zur Tür hineinlassen haben. Dann sitzen wir wieder mal abends da, haben die wichtigsten Aufgaben nur halb erledigt und fragen uns: Warum ist bloß alles durcheinandergeraten? Warum ist die To-do-Liste immer noch nicht abgearbeitet? Bin ich eine Niete in Sachen Planung und Zeitmanagement?

Das Geld für einen Zeitmanagementkurs kann man sich sparen, wenn man lernt, ein deutliches Nein in den Tagesablauf einzubauen. Es lohnt, das zu trainieren. Keine Angst: Sie müssen dabei keine Mutproben bestehen, Sie müssen auch nicht dem Chef mal richtig die Meinung sagen oder der fordernden Freundin die Freundschaft kündigen. Es geht darum, das »kleine Nein« zu lernen. Sich angemessen mit einem Nein abzugrenzen schützt uns sogar eher davor, anderen womöglich irgendwann eine rote Karte auf Lebenszeit vor den Latz zu knallen – und es hinterher zu bereuen.

Wie wichtig es ist, überhaupt zu handeln und aktiv zu werden, haben Sie in Schritt 7 gesehen, jetzt geht es darum, wie gut es ist, manchmal Nein zu sagen – und demzufolge nicht zu handeln. Neiiiin! Tür zu. Ruhe. Und Raum. Für Sie.

Spüren Sie, was Sie wollen und was nicht

Merken Sie manchmal erst eine halbe Stunde zu spät, dass Sie eigentlich gar nicht Ja sagen wollten, sondern Nein? Und ärgern Sie sich dann umso mehr, dass Sie zu langsam waren und sich wieder mal eine zusätzliche Verpflichtung aufgehalst haben? So geht es vielen Frauen. Sie nehmen sich fest vor, besser Grenzen zu setzen – und schaffen es am Ende nicht, das auch real umzusetzen, dann, wenn die Nachbarin sie bittet, den Handwerker für sie in die Wohnung zu lassen, oder wenn die Kollegin verzweifelt ankommt, um einen Dienst zu tauschen.

Der Grund: »Viele Frauen hören nicht gut auf sich selbst und ihre Gefühle, wenn andere Menschen dabei sind«, konstatiert Psychologin Elke Rehhorn. Solange wir allein sind, wissen wir recht genau, was wir wollen und was nicht, aber sobald andere dazukommen, nehmen wir uns zurück, blenden aus, was wir wirklich wollen, nehmen unsere intuitiven Signale nicht wahr, parieren höflich, hilfsbereit, freundlich, wie wir es in unserer Kindheit und Jugend gelernt haben. Damit wir das gefühlte Nein auch dann spüren, wenn andere anwesend sind, ist es wichtig, einzuüben, unsere Gefühle immer und überall zu registrieren.

Einen guten Draht zu den eigenen Empfindungen kann man leicht aufbauen, indem man auf die sogenannten »somatischen Marker« achtet. Was das ist? Bei allem, was wir tun, bei allem, was wir erleben, haben wir emotionale Regungen, die sich auch in einer körperlichen Reaktion zeigen. Das freudige Ziepen in der Magengegend oder das Druckgefühl im Kopf sind zwar manchmal nur so leise wie ein Blatt, das vom Baum segelt. Wenn wir uns aber bewusst auf die somatischen Marker einstellen, bemerken wir sie auch. Falls Sie noch nicht genau wissen, was gemeint ist, beobachten Sie sich, wenn Sie beispielsweise Ihre E-Mails abrufen. Jede einzelne Nachricht im Postfach löst – auch wenn Sie diese noch gar nicht geöffnet haben – ein anderes Körpergefühl aus, jede Mail könnten wir mit einem kleinen Plus- oder Minuszeichen versehen. Vergleichbare intuitive Bewertungen nehmen wir in jeder anderen Situation vor.[79]

Mithilfe der feinen, aber dennoch klaren somatischen Marker können wir ergründen, ob wir etwas wollen oder nicht wollen, gut finden oder nicht gut finden. Wenn wir im Alltag immer wieder üben, uns gleichsam in den eigenen Körper zurückzulehnen, merken wir besser, ob wir Bitten und Aufgaben, die an uns herangetragen werden, erfüllen wollen, erfüllen können oder erst gar nicht in Betracht ziehen. Dann können Sie schneller reagieren und checken, ob Sie den Kuchen, den man bei Ihnen fürs Schulfest anfragt, dieses Mal gern backen – oder ob Sie ein definitives Nein von sich geben. Sie können dann auch entspannter entscheiden, ob Sie der Kollegin zuhören wollen oder ob Ihnen das an diesem vollgestopften Tag einfach nicht in den Kram passt. Also: Das Bewusstsein für die eigenen Gefühle ist immer der erste Schritt zur Abgrenzung.

Damit die eigenen Grenzen im Beisein anderer nicht verschwimmen, hilft nur eins: Sie müssen einen Moment Zeit gewinnen, einen kleinen Abstand zwischen sich und den Anfrager legen, sodass Sie Ihre eigenen Gefühle wieder besser spüren und ernster nehmen. Deshalb: Sobald man Sie um etwas bittet, halten Sie innerlich ein Ich-brauche-eine-Minute-Schutzschild hoch; teilen Sie das auch Ihrem Gegenüber mit. Nutzen Sie diesen kurzen Break: Versenken Sie sich in Ihre eigenen Empfindungen, und machen Sie sich die somatischen Marker bewusst. Anschließend sagen Sie, je nachdem ob Sie ein Plus- oder ein Minuszeichen wahrgenommen haben, beherzt Ja oder Nein.

Die Stunde danach

Sie haben sich eine kurze Bedenkzeit erbeten? Den wichtigsten Schritt haben Sie bereits gemacht! Dieses Mal werden Sie nicht einfach kopflos Ja sagen. Obwohl – plötzlich taucht da dieses Gefühl auf, nicht genau zu wissen, ob wir zustimmen sollen oder eben nicht. Die somatischen Marker waren nicht eindeutig genug.

Was jetzt hilft: Setzen Sie sich kurz, und überlegen Sie, wie Sie sich eine Stunde, auch einen Tag später fühlen werden, wenn Sie bei dem Punkt, um den es gerade geht, Ja sagen. Danach versuchen Sie zu spüren, wie Sie sich fühlen werden, wenn Sie in dem Punkt Nein sagen. Wenn Sie merken, dass Sie beim Ja-Sagen in Panik und Hektik verfallen und beim Nein-Sagen Ruhe fühlen, wird es Ihnen leichter fallen, das Nein auch tatsächlich zu formulieren. Verstärken Sie das angenehme Gefühl, das bei einem Nein hochsteigt, malen Sie es sich als Bild aus, überlegen Sie, welches Symbol Sie damit verbinden, zum Beispiel mit einem Liegestuhl am Strand oder einem Adler hoch oben in den Lüften mit seinen weiten Schwingen. Gehen Sie dann auf diese Weise gewappnet in die Situation und sagen: »Nein!« Wichtig: Die imaginierte Zeitspanne sollte mit der Tragweite der Entscheidung übereinstimmen. Falls Sie es mit einer ganz alltäglichen Nein-sage-Situation zu tun haben, etwa die Planung für einen Betriebsausflug zu übernehmen oder im Büro nicht schon wieder die Geschirrspülmaschine auszuräumen, reicht es, sich die Stunde, den Tag nach dem Nein vorzustellen. Wenn es um größere Absagen geht, um ein Nein zu einem aufwendigen und anstrengenden Projekt oder um die Kurzzeitpflege einer Verwandten, stellen Sie sich das Gefühl in der nächsten Woche oder im nächsten Monat vor. Sie werden sehen, dass Erleichterung und Stolz Ihnen beim Nein-Sagen Rückenwind geben werden.

Die Angst besiegen

Damit man den somatischen Markern – die uns den Weg durch den Alltag so zuverlässig weisen wie Neonpfeile in einem dunklen Wald – noch mehr trauen kann, ist es hilfreich, sich kurz damit zu beschäftigen, warum uns das Nein überhaupt eine so große Angst macht. Ganz klar: Ein Nein ist eine Geste der Aggression, und wir befürchten negative Folgen, wenn wir etwas ablehnen. Sätze wie: »Wer Nein sagt, der ist nicht zuverlässig und wird dafür bestraft« oder: »Wer Nein sagt, der wird nicht gemocht« hemmen uns häufig, dem ersten Impuls nachzugeben und uns abzugrenzen. Die Furcht vor Ablehnung ist aber völlig unbegründet. Im Auftrag von *Focus*[80] wurde eine Studie erstellt, die bewies, dass Arbeitnehmer, die immer und zu allem Ja sagen und sämtliche Aufgaben kritiklos übernehmen, bei den Kollegen weniger gemocht werden als solche, die auch mal Nein sagen. Und auch bei Vorgesetzten kommt ein ständiges Ja nicht immer gut an. Nur wer fähig ist, ein Nein zu artikulieren, wird überhaupt sichtbar. Und profiliert sich stärker mit dem, was er kann beziehungsweise nicht kann.

Auf Dauer werden Menschen, die sich widersetzen können, ernster genommen und kommen damit in Sachen Karriere weiter. Sie glauben das nicht? Der Grund für Ihr Zögern ist nachvollziehbar. Gerade für Frauen ist das Sich-Abgrenzen von den Bedürfnissen anderer ungewohnt und scheinbar riskant. Phyllis Cesler, frühere Psychologieprofessorin an der New Yorker City University, fand in Untersuchungen heraus, dass die Position von Frauen in einer sozialen Gruppe sich nicht wie bei Männern an Leistungen und Durchsetzungsvermögen misst, sondern vor allem daran, wie stark akzeptiert und gemocht sie sind. »Zugehörigkeit ist für Frauen zentral«, sagt die Forscherin. Frauen befolgen aus diesem Grund die Erwartungen anderer oft viel gehorsamer als Männer.[81]

Wenn wir durchschauen, dass wir in unserem Verhalten tradierten Gruppennormen folgen, fällt es uns möglicherweise leichter, die Furcht vor Ablehnung als unbegründet abzulegen und zu probieren, im Alltag und im Job ein Nein zu formulieren.

Wie fühlt sich das Nein für andere an?

Sie wollen Nein sagen, haben aber Angst, Ihr Gegenüber könnte Sie dann nicht mehr leiden, kündigt Ihnen die Freundschaft oder gleich den ganzen Job. Sie wissen, das ist etwas übertrieben, aber Sie denken nun mal so.

Damit Sie sehen können, wie Ihr Nein beim anderen ankommt, versuchen Sie Ihre Befürchtungen in einem Experiment zu überprüfen: Stellen Sie sich vor, Sie selbst sind die Person, der Sie ein Nein mitteilen wollen. Und dann imaginieren Sie die Situation. Wie fühlen Sie sich, wenn Ihnen jemand sagt, er könne der Bitte nicht nachgehen, die Zusatzaufgabe nicht erledigen? Wie erleben Sie sich, wenn Ihnen jemand zu verstehen gibt, er könne nicht zur Geburtstagsfeier kommen, weil er sich müde fühlt? Einen kurzen Moment lang sind Sie wahrscheinlich traurig, enttäuscht oder gar ein wenig wütend, aber nach zwei, fünf oder spätestens zehn Minuten ist alles wieder okay. Mehr als dieses eine unangenehme Gefühl werden Sie nicht spüren. Und über weitreichende Konsequenzen wie einer Aufkündigung der Freundschaft oder ein Anschwärzen beim Chef denken Sie nicht einmal nach, oder?

Wenn Sie sich durch den Rollentausch klargemacht haben, dass ein Nein das Gegenüber – wenn überhaupt – nur kurz verletzt und die Konsequenzen niemals besonders umfassend sind, wird es Ihnen leichter fallen, sich einen Ruck zu geben. Manchmal ist das so, als würde man ein festgeklebtes Pflaster abreißen: Ein kurzer Schmerz, ein kleiner Schock – und danach ist es auch schon überstanden. Probieren Sie es aus!

Die feine und charmante Art, Nein zu sagen

Viele Menschen finden das Nein-Sagen deshalb so schwer, weil sie nicht genau wissen, wie sie ihren Wunsch nach Abgrenzung anbringen sollen. Gerade ungeübte Nein-Sager glauben oft, dass das Abgrenzen eine Art Mutprobe ist, bei der man knapp, recht rigoros und möglichst schroff einem Gegenüber die Meinung sagen, vielleicht auch noch ein paar Kritikpunkte anbringen muss, die man eh schon die ganze Zeit loswerden wollte. Anfänger im Nein-Sagen benehmen sich da oft ein bisschen wie frischgebackene Nichtraucher: So wie diese vehementer als nötig alle Raucher in die Schranken weisen und angebotene Glimmstängel als heimtückischen Mordversuch bezeichnen, so verkünden auch Neulinge im Nein-Sagen oft heftig oder zumindest leicht beleidigt ihr Nein.

Dabei ist es beim Abgrenzen wie mit allen anderen Formen der Kommunikation: Am besten passen wir unsere Ansprache an die Menschen an, mit denen wir es gerade zu tun haben. So sagen wir unserem Partner natürlich auf eine andere Weise Nein als unserer Chefin, der besten Freundin anders als einem rüpeligen Passanten auf der Straße.

Um den verschiedenen Menschen in Ihrem Alltag zu verstehen zu geben, dass Sie etwas nicht können, wollen oder schaffen, existieren ein paar Faustregeln. Sie sind einfach zu beherzigen, zu einem Nahkampftraining muss das nicht ausarten. Wenn Sie zum Beispiel freundlich und ruhig sind, müssen Sie nicht auf einmal keifen oder bissig werden: Bleiben Sie entgegenkommend und diplomatisch, und bringen Sie Ihrem Gegenüber schonend und mit wenigen Worten bei, dass Sie dieses Mal die Zusatzaufgabe leider nicht erfüllen können.

Die folgenden Tipps ermöglichen Ihnen, den unterschiedlichsten Gesprächspartnern Ihr Nein auf charmante Art und Weise mitzuteilen:

Nein-Sagen zur besten Freundin oder zum Partner

Vertrauten und nahestehenden Personen etwas abzuschlagen ist für manche Frauen sehr schwer – und vielleicht ist das dann auch nicht unbedingt ein Übungsfeld, mit dem Sie beginnen sollten. Aber das müssen Sie entscheiden. Die wichtigste Regel, um bei einer Freundin oder dem Partner Grenzen zu setzen, ist jedoch simpel: Begründen Sie Ihr Nein. Kurz und herzlich.

Angenommen, Sie wollten mit einer Freundin shoppen gehen, fühlen sich aber nicht fit genug. Sagen Sie ihr, dass Sie erschöpft sind und dass Sie die Verabredung gern verschieben würden. Und dass es Ihnen leidtut. Ähnlich gehen Sie beim Partner vor, wenn Sie am Sonntag doch lieber allein wandern wollen, als mit ihm zum Geburtstag seines besten Freundes zu fahren – auch wenn es schon abgemacht war. Sagen Sie, dass Sie den Feierrummel mit vielen anderen gerade nicht gut ertragen können. Begründungen wirken immer Wunder, weil man dadurch die Menschen, die man liebt, nicht aus den eigenen Entscheidungen ausschließt, sondern vertrauensvoll einbezieht.

Mit kleinen Enttäuschungen müssen Sie rechnen, besonders dann, wenn Sie bislang zur Jasagerfraktion zählten. Die Freundin, die es bislang nicht gewöhnt war, dass man ihr etwas abschlägt, wird vermutlich etwas verschnupft reagieren. Denken Sie hier an die Fünf-Minuten-Regel aus der vorherigen Übung: Die Enttäuschung wird vorübergehen. Betrachten Sie die gedämpfte Reaktion als ein Zeichen, dass Sie sie gern hat. Vertrauen Sie darauf!

Nein-Sagen zu flüchtigen Bekannten und Passanten auf der Straße

Kennen Sie diese Leute, die durch die Fußgängerzone in den Innenstädten laufen und Umfragen machen? Oder die, die lang und breit nach dem Weg fragen? Falls Sie nicht gerade wie ein Bullterrier daherkommen, haben Sie mit diesem Menschenschlag sicher öfter zu tun – denn wer offen wirkt, wird häufiger angesprochen. Gut so. Denn Leute, die Sie niemals wiedersehen werden, sind ein hervorragendes Experimentierfeld, um sich abzugrenzen. Sagen Sie hier laut und deutlich Nein, nur um das allein zu üben. Sie werden die Erfahrung machen, dass kaum jemand enttäuscht reagiert, man befragt einfach nur den nächsten Passanten.

Ideal zum Üben sind auch Anrufe von Hotline-Mitarbeitern. Versuchen Sie, diese Leute höflich, aber bestimmt abzuweisen – und freuen Sie sich, wenn es Ihnen gelungen ist, ein solches Gespräch kurz zu halten. Das ist jetzt kein

Aufruf, bei allen Call-Center-Agenten der eigenen Wut endlich freien Lauf zu lassen. Werden Sie nicht unverschämt – aber ein klares Nein steht Ihnen zu!

Bei flüchtigen Bekannten wird es schon ein wenig schwieriger, kleine Bitten nicht zu erfüllen. Versuchen Sie es in diesen Fällen wieder ohne allzu lange Begründungen. Ein guter Satz wäre hier: »Ich schaffe das dieses Mal wirklich nicht. Tut mir leid! Fragt jemand anderen.« Weil Sie sonst immer Ja gesagt haben, wird man Ihnen die Absage kaum übel nehmen.

Nein-Sagen zum Chef

Wollen wir Vorgesetzten eine Bitte abschlagen oder ihnen zu verstehen geben, dass wir die zusätzlichen Aufgaben, die sie uns aufhalsen möchten, nicht schaffen können, ist Fingerspitzengefühl nötig. Als talentierte Jasagerin braucht Sie das aber nicht zu schrecken, denn Sie sind wahrscheinlich sehr diplomatisch und haben genug Sensibilität, um eine solche Situation gut zu meistern.

Zu glauben, dass man einem Chef gegenüber nicht äußern kann, ein bestimmtes Arbeitspensum sei zu hoch oder ein Zeitplan im Team nicht zu bewältigen, ist falsch. Im Gegenteil: Als Mitarbeiterin müssen Sie die Grenzen aufzeigen. Oft merken Vorgesetzte nämlich gar nicht, dass das Team kurz vorm Zusammenbrechen ist, und sind eher dankbar, wenn man offen darüber spricht. Aber wie gesagt, beachten Sie unbedingt die Etikette und alle Regeln der Höflichkeit, sonst kommen Sie mit Ihrer

Manöverkritik in Teufels Küche. Schmeißen Sie Ihrem Auftraggeber das Problem nicht vor die Füße, zeigen Sie, dass Sie sich über dieses schon Gedanken gemacht haben.

Jochen Mai, Karriereexperte und Gründer des Internet-Portals Karrierebibel.de hat eine Auswahl von »Wie-sag-ich-es-meinem-Chef«-Strategien zusammengestellt, die wir freundlicherweise für dieses Buch übernehmen durften:

- *Bieten Sie Alternativen.* Sie haben den Schreibtisch so voll, dass es Ihnen unmöglich ist, bei einem ganztägigen Geschäftstermin mitzufahren. Engagieren Sie sich im Rahmen Ihrer Möglichkeiten. Sagen Sie: »Ich kann bei der Präsentation leider nicht dabei sein, aber ich könnte meine Unterlagen so weit auf den neuesten Stand bringen, dass man sie mitnehmen könnte.« Wird dieses Angebot angenommen, haben Sie zwar etwas mehr Arbeit, aber nicht gleich den ganzen Tag verloren.
- *Reden Sie offen, und lassen Sie Ihren Vorgesetzten wählen.* Sie bekommen ein Projekt nach dem anderen übertragen. Sie merken, dass Sie mit den Abgabeterminen komplett ins Schleudern geraten, wenn das so weitergeht. Zögern Sie nicht, so schnell wie möglich Ihren Boss aufzusuchen und ihm zu sagen: »Wenn es wichtig ist, dass wir das neue Projekt jetzt vorziehen, wird sich das, was ich gerade auf dem Schreibtisch habe, zwangsläufig nach hinten verschieben. Was meinen Sie? Welches Projekt hat für Sie Priorität?« Falls Ihr Chef der Meinung ist, dass beide Projekte zur selben Zeit fertig werden sollen, versuchen Sie einen weiteren Schritt:

- *Bitten Sie um Hilfe.* Fragen Sie nach, ob Sie Unterstützung bekommen können. Sagen Sie: »Damit das Ergebnis so hervorragend wird, wie wir uns das wünschen, wäre es gut, wenn mir eine Kollegin bei der Umsetzung zur Seite stehen könnte.« Bedenken Sie: Die exzellente Umsetzung sollte Ihnen tatsächlich am Herzen liegen, sonst wirkt der Satz nur wie eine Floskel.

- *Eine Runde Drama.* In manchen Fällen ist es sinnvoll, ein wenig zu übertreiben. Sagen Sie, dass Sie sich mit der und der Entscheidung, mit der Mehrarbeit oder mit dem Projekt in der Form, wie Sie es realisieren sollen, nicht wohlfühlen. Machen Sie Ihre Bedenken deutlich: »Das gute Ergebnis ist in Gefahr, wenn wir die Deadlines so knapp wählen.« Oder sagen Sie: »Ich habe ein ungutes Gefühl bei dem Zeitplan.« Vorsicht! Diese Taktik funktioniert nur bei einem Vorgesetzten, der für emotionale Argumente zugänglich ist. Bei einem Technokraten geht sie nach hinten los. Er (oder sie) nimmt das Dramatisieren als Jammern wahr.

- *An Prioritäten erinnern.* Zahlreiche Studien haben gezeigt, dass Führungskräfte ständig anders entscheiden und die eigenen Pläne über den Haufen werfen müssen – und auch darunter leiden. Es kann gut sein, dass Ihr Boss an einem Tag so redet und am nächsten Tag etwas ganz anderes anordnet, weil er selbst unter Druck steht. Wenn Sie das Gefühl haben, dass durch diese Sprunghaftigkeit Ihr eigener Plan durcheinandergerät, teilen Sie das mit: »Wir hatten vereinbart, dass ich dem und dem Projekt den Vorrang gebe, weil es für Sie wichtig war. Könnten Sie mir kurz erklären, wieso das jetzt anders ist?«

Mit diesen korrekten Kommunikationsformen können Sie Ihren Vorgesetzten Grenzen setzen – oder es zumindest immer wieder versuchen. Sie haben ein mulmiges Gefühl dabei? Das ist verständlich. Sie sind es nicht gewohnt, sich so zu verhalten. Aber die meisten Führungskräfte sind für eine freundliche und konstruktive Rückmeldung aufgeschlossen. »Sie kennen meinen Chef nicht«, sagen Sie jetzt. »Es ist schwer, mit ihm in dieser Art zu reden, da er ein Choleriker ist.« Für sehr impulsive und aufbrausende Vorgesetzte gilt: Behandeln Sie einen Hitzkopf immer ehrlich. Wenn Sie das Gefühl haben, dass der Terminplan aus dem Ruder läuft, ist es verständlich, dass Sie vor einem zum Jähzorn neigenden Menschen Angst haben und sich wegducken. Das Gegenteil wäre aber richtig: Sobald Sie ernsthafte Zweifel haben, ob alles nach Plan bewerkstelligt werden kann, sprechen Sie mit ihm. Weisen Sie darauf hin, dass Sie an der Qualität der Arbeit interessiert sind, daran, dass man gemeinsam eine Lösung findet. Wenn Sie auf Dauer glaubhaft rüberbringen, dass Sie sich für das Wohl der Firma interessieren und mitdenken, wird er anfangen, Ihnen mehr zu vertrauen – und die Wut wird sich verflüchtigen.

Und falls Sie sich nicht nur gegen zu viel Arbeit, sondern auch gegen einen aggressiven Ton abgrenzen wollen: Tun Sie das! Wer einem Vorgesetzten, der wirklich ausfallend wird, zu verstehen gibt: »Entschuldigung, aber wie reden Sie mit mir?« oder: »Ich finde den Ton nicht angemessen«, ist so gut wie immer auf der richtigen Seite.

Nein-Sagen zu Kollegen

Frauen, die zum Ja neigen, haben im Team häufig Probleme, die Bitten anderer abzuschlagen – und übernehmen dadurch fast automatisch unliebsame Arbeiten. Falls Sie das Gefühl haben, dass Sie mehr arbeiten als die Kollegen, und falls man versucht, Ihnen noch mehr Aufgaben zuzuschieben, als sowieso schon möglich, wird es Zeit, den Kollegen Grenzen zu setzen. Es kann sein, dass die anderen nicht gerade begeistert darauf reagieren, weil sie jetzt die Arbeit selbst machen müssen und sich eine gewohnte Dynamik geändert hat. Vielleicht müssen Sie ein oder zwei Wochen überstehen, da Ihre Abgrenzungsaktion zu einer latent miesen Stimmung geführt hat – aber auch die gehen vorbei. Seien Sie den Kollegen nicht böse: Deren Reaktion ist menschlich. Nach einiger Zeit wird man aber wieder freundlich auf Sie zukommen. Denn wer auch mal Nein sagt, wird, wie schon hervorgehoben, viel eher respektiert.

Die »Wie-sag-ich-es-meinen-Kollegen«-Tipps von Jochen Mai:

* *Konsequent sein.* Ein Kollege will, dass Sie Arbeit für ihn übernehmen und am Wochenende zu einer Veranstaltung fahren, an der er hätte teilnehmen sollen. Sagen Sie: »Tut mir leid, ich habe für dieses Wochenende gerade meine Unterstützung jemand anderem zugesagt.« Sie können auch als Prinzipienreiter in Erscheinung treten: »Ich arbeite grundsätzlich nicht am Wochenende.« Oder, wenn es ein netter Kollege ist: »Ich würde dir gern helfen, aber ich habe ein anderes Projekt auf dem Schreibtisch, das hat oberste Priorität.« Wer klar und konsequent Nein sagt, wirkt auf jeden Fall stark!

- *Verhalten erklären.* Die Ausgangssituation ist bekannt: Man bittet Sie, nach Büroschluss zum Geburtstagsumtrunk eines Kollegen zu bleiben. Sie wollen aber nicht an der kleinen Feier teilnehmen, weil Sie den Mitarbeiter nicht so gut kennen. Eine andere Situation: Die Kollegen wollen gemeinsam in die Mittagspause gehen, Sie aber möchten lieber einen Spaziergang machen. Erklären Sie freundlich und ehrlich, was Sache ist: »Ich kenne den Kollegen kaum, ich werde ihm nachher noch gratulieren, aber ein Mitfeiern scheint mir nicht so passend.« Oder: »Vielen Dank für die Einladung zur Mittagspause. Ich brauche heute aber unbedingt Bewegung. Euch viel Spaß.«

- *Eine Runde Pingpong.* Sie bekommen von einer Kollegin Gegenwind, weil Sie etwas nicht übernehmen wollen. Die fragt Sie: »Was ist eigentlich mit dir los? Warum reagierst du so merkwürdig?« Werden Sie in solchen Momenten mutig, und spielen Sie den Ball zurück. Sagen Sie: »Und was ist wiederum mit dir los, dass du glaubst, ich übernehme wie selbstverständlich Aufgaben von dir?« Oder: »Du, mir bringt diese Sache auch keinen Spaß – aber es ist deine Aufgabe.« Das Zurückspielen des Balls ist immer dann wichtig, wenn andere versuchen, Ihnen ein schlechtes Gewissen zu machen oder Sie blöd dastehen zu lassen. Dann wirkt es oft Wunder, wenn Sie den Spieß umdrehen. Und: Wenn Sie den Bogen erst einmal raushaben, macht diese Strategie sogar Spaß!

Nein-Sagen bei privaten Projekten

Bei einem Sonderfall fällt vielen Frauen das Nein-Sagen besonders schwer – wenn wir im privaten Kreis etwas zugesagt haben, beispielsweise bei der Geburtstagsfeier der Kollegin eine kleine Showeinlage zu bringen, an dem Wochenende nach Ostern die Eltern in Süddeutschland zu besuchen oder im Herbst mit der Freundin ein Wellness-Wochenende zu verbringen. Wenn wir dann einige Wochen nach der Zusage merken, dass uns die Angelegenheit so gar nicht in den Kram und in den Kalender passt, stürzt das gerade Frauen in Gewissenskonflikte. Oft wird eine Entscheidung aufgeschoben, bis es zu spät ist und es unhöflich wäre, noch kurz vor knapp abzusagen.

Dennoch: Es ist wichtig, gelegentlich Zusagen zurückzunehmen – auch wenn es dabei um eine Sache geht, die für den anderen noch so wichtig ist. Der erste Schritt bei der Zurücknahme eines Versprechens ist oft ein gedanklicher. Realisieren Sie den Satz: »Wer A sagt, muss nicht B sagen.« Manchmal dürfen Sie anders handeln, als Sie zuvor geäußert haben, besonders wenn die geplante Aktion noch sehr gut rückgängig gemacht oder verschoben werden kann.

Entscheidend sind dabei eine nachvollziehbare Begründung und ein richtiger Ton. Fangen Sie das Gespräch mit etwas Positivem an. Sagen Sie den Kollegen, Ihren Eltern oder der Freundin, wie gern Sie sie haben und wie leid es Ihnen tut, dass Sie die Verabredung canceln müssen. Dass die Einhaltung dieser Zusage Sie in einen Riesenstress stürzen würde. Sagen Sie: »Das passt gerade nicht in meine Planung.« Oder: »Ich mache das ein anderes Mal gern mit euch/dir, aber jetzt wird es mir zu viel.« Ja, das ist schwierig. Versuchen Sie es trotzdem.

Wenn Sie Absagen immer wieder mit wertschätzenden Bemerkungen unterfüttern, werden die betreffenden Personen nicht nachhaltig beleidigt sein. Sie trauen sich nicht und brauchen einen letzten Schubs? Stellen Sie sich auch hier wieder vor, wie Sie sich eine Woche nach dem Nein und wie Sie sich eine Woche nach dem Ja fühlen würden. Begreifen Sie den Moment der Absage als ein unangenehmes Zehn-Minuten-Gespräch, das tatsächlich so prickelnd ist wie ein Zahnarztbesuch, aber auch nur ähnlich lange dauert. Ist das nun unmöglich zu packen? Nein? Na also!

Der amerikanische Psychologe und Persönlichkeitstrainer Gay Hendricks meint: »Jedes Kommunikationsproblem entpuppt sich letztlich als misslungener Versuch, einem schwierigen zehnminütigen Gespräch aus dem Weg zu gehen. Bringt man aber erst mal den Mut auf, es zu führen, zahlt es sich aus.«[82] Denn wenn wir zu dem stehen, was uns wirklich wichtig ist, und ein Nein definitiv vertreten, können andere auch besser spüren, was uns umtreibt. Und das ist eine gute Voraussetzung dafür, dass in Zukunft unsere Grenzen respektiert werden.

Meine eigene untere Grenze

Damit es gelingt, öfter Nein zu sagen, um letztlich weniger Stress und mehr Zeit für uns selbst zu haben, sollten wir uns immer wieder klarmachen, in welchen Bereichen wir über unsere Grenzen gehen, was es ist, das uns den Tag sprengen lässt, welche Jasagerfallen Gift für uns sind.

Schreiben Sie fünf Momente auf, in denen Sie Ja gesagt haben, obwohl Sie sich ein Nein vorgenommen hatten: »Meiner nervigen Nachbarin habe ich erneut eine Stunde im Treppenhaus zugehört, obwohl ich keine Lust dazu hatte.« Oder: »Ich habe am Wochenende an beiden Tagen gearbeitet, obwohl ich das nicht wollte.« Oder: »Den Tanzkurstermin musste ich absagen, weil ich merkte, dass ich wieder lange über meinem neuen Projekt sitzen würde.« Sie sehen: Manchmal ist da gar keine andere Person, der wir ein Nein entgegenschleudern können, sondern wir selbst haben etwas gemacht, was wir eigentlich nicht mehr vorhatten.

Legen Sie sich für solche Augenblicke eine »untere Grenze« fest, eine Art Vertrag, den Sie nicht mehr unterwandern wollen. Nehmen Sie sich dabei nicht zu viel vor, sondern formulieren Sie realistische Grenzen: »Ab jetzt werde ich die Nachbarin grüßen, aber nicht stehen bleiben.« Oder: »Ab jetzt werde ich den Termin in der Woche, wo ich tanzen gehe, einhalten.« Oder: »Ab jetzt werde ich zumindest einen Wochenendtag nur für meine Erholung nutzen.« Legen Sie bei diesem Vorgehen nicht zu viele untere Grenzen fest, denn sonst halten Sie Ihre neue Konsequenz nicht durch. Die unteren Grenzen sollen nämlich zwingend sein, an ihnen ist nicht zu rütteln.

Übrigens: Viele Frauen denken, wenn sie weniger arbeiten, werden sie auch weniger erreichen. Das Gegenteil ist der Fall: Wir tun wesentlich mehr für unseren Erfolg, wenn wir etwas weniger arbeiten – und uns ab und zu Freiräume nehmen. Denn nur so erhalten wir uns die Kraft und Klarheit, die wir brauchen, um unsere Ziele zu erreichen. Durchbrechen Sie Ihr Pflichtbewusstsein ein wenig, es wird Ihnen guttun. Mit einer solchen Überzeugung wird das Nein zu einem Selbstgänger!

9 Freunde, Partner, Familie – mein soziales Netz

Neunter Schritt
Lernen Sie, Ihre Beziehungen so zu führen,
dass sie Sie stark machen und nicht zusätzlich
stressen

Marion Frank hatte schon bessere Jahre erlebt. Ihr neuer Job als Personalreferentin bei einer Versicherung ist extrem kräfteraubend, das Kollegium ein Haifischbecken, oft arbeitet sie bis spätabends, häufig auch am Wochenende. Mit ihrem Freund Karsten läuft es ebenfalls nicht gerade gut, da kriselt es gewaltig. Im vergangenen Jahr zogen sie zusammen, seitdem sind Missverständnisse, kleinere Auseinandersetzungen, sogar größere Streits plötzlich zur Normalität geworden. Marion kann nicht mehr. Mit Ach und Krach hat sie sich für ein Wochenende mit ihrer besten Freundin Paula verabredet. Gemeinsam fahren sie auf die Insel Sylt.

Marion hatte sich vorgenommen, Paula ihr Herz auszuschütten, ihr zu eröffnen, dass sie sich von Karsten trennen wird, eine Psychotherapie braucht, den Job schmeißen und ihr ganzes Leben umkrempeln will. Doch als sich die

Freundinnen treffen, passiert etwas Seltsames. Marion fühlt sich plötzlich ganz leicht. Sofort reden die beiden los, erzählen sich Anekdoten, lachen und kichern, gehen am Strand spazieren, später genießen sie die Sauna in ihrem Hotel. Die Freundinnen, die sich aus dem Studium kennen, lange eine Wohnung und die Sorgen um Hausarbeiten und Liebschaften geteilt haben, sind augenblicklich in ihrem vertrauten Modus angekommen. »Als ich fünf Minuten mit Paula gesprochen habe, erschien es mir, als wäre ich zehn Jahre jünger und mitten im schönsten Abenteuer«, erzählt Marion.

Dass zentnerschwere Lasten von uns abfallen, sobald wir Zeit mit unseren engsten Freundinnen verbringen, bestätigt auch die Wissenschaft. Eine neuere Studie der University of California zeigt, dass besonders Frauen sich innerhalb von wenigen Stunden entspannen, wenn sie mit ihren Freundinnen zusammen sind.[83] Natürlich ist ein solches Treffen kein Allheilmittel für bestehende Probleme, doch die allgemeine Stimmung erreicht spontan ein beschwingtes Level.

Marion und Paula haben in den folgenden zwei Tagen natürlich auch noch ein bisschen über Marions Schwierigkeiten im Job und mit Karsten geredet. Aber auch bei diesen Gesprächen schienen die Sorgen, die Marion hatte besprechen wollen, plötzlich wesentlich kleiner und handhabbarer. Paula, die eine Familie und einen Halbtagsjob hat, redete ihrer Freundin nämlich immer wieder Mut zu, sagte ihr mehrmals, wie sehr sie sie bewundert, ihre Souveränität im Job, ihre Kompetenz, ihr sprühendes Wesen. Und als Marion sich bitter über Karsten beschwerte, reichte es, dass Paula kurz an die »drei Vollpfosten« erinnerte, mit denen

Marion eine Beziehung hatte, bevor sie Karsten kennen-
lernte. Marion musste in diesem Moment lachen. Klar,
Karsten sei schon toll, räumte sie schnell ein, aber irgendwie hätten sie sich festgebissen. Das könne man ändern,
meinte Paula – und irgendwie hatte sie ja recht damit. Als
Marion am Sonntagnachmittag wieder nach Hause fuhr,
war sie total froh, dass sie sich die Zeit für den Wochenend-
Trip mit ihrer Freundin genommen hat.

Auch wenn sich das alles ein bisschen nach Mädchen-
glück aus einem Jugendbuch anhört: Es bringt tatsächlich
viel neue Energie in unser Leben, wenn wir uns darum
kümmern, die Menschen zu treffen, die uns etwas bedeuten. Ob beste Freundinnen, Geschwister oder Lieblings-
kolleginnen, entscheidend ist nicht, wie viele Personen wir
zu unserem nahen Freundeskreis zählen. Viel bedeutsa-
mer ist, dass wir selbstbewusst und aktiv unsere Kontakte
gestalten mit Menschen, die wir mögen. »Für das Wohlbefinden ist das Gefühl, dass es mindestens eine Person gibt,
der man vertrauen und auf die man sich verlassen kann,
wenn man emotionalen Trost braucht, vielleicht wichtiger, als faktisch viel Zeit mit Freunden und Bekannten zu
haben«, schrieb der Entwicklungspsychologe Hans Tho-
mae.[84] Das besagt: Wir brauchen nicht viele Freundschaften, aber die wenigen, die wir haben, sollten wir pflegen
und wachsen lassen.

Die Krux in unserem modernen Leben jedoch ist, dass
wir durch unsere sozialen Netzwerke oft eine unverbind-
liche und damit auch oberflächliche Kommunikation mit
vielen Menschen haben. Wir treffen uns mit Bekannten
und Halb-Freunden aus dem Job, der Nachbarschaft, dem
Sportverein, dem Chor, dem Kindergarten sowie der Schule

der Kinder, werden auf Geburtstage, zum Kaffeetrinken und zu Essen eingeladen. Nicht selten gehen im ständigen Freizeitstress die tieferen Beziehungen verloren. Deshalb sollten wir gelegentlich unsere sozialen Kontakte betrachten und uns fragen, welche Menschen wir gern häufiger sehen würden und welche flüchtigen Bekanntschaften oder Phasen-Freunde sich womöglich überlebt haben oder uns sogar stressen. Und dann heißt es, Kurskorrekturen vorzunehmen: auf alte Freunde neu zugehen und die Verbindungen zu nervigen Bekannten am besten aufgeben. Wie man charmant einen Korb gibt, haben Sie ja im vorherigen Kapitel erfahren, in dem es um das Nein-Sagen ging.

Gestalten Sie Ihre Kontakte wie einen Garten, bei dem man genau überlegt, welche Blumen man säen und welche man erst gar nicht pflanzen möchte. Das bedarf einer gewissen Sorgfalt, aber viel Aufwand ist letztlich nicht damit verbunden. Wenn Sie erst verinnerlicht haben, dass das soziale Leben leichter wird, wenn man selbst entscheidet, welche Person für einen Bedeutung haben soll, funktioniert das bald ganz automatisch.

Einen lieben Gruß

Jeder hat liebe Bekannte und Freunde, die man aber kaum noch sieht, fast aus den Augen verloren hat, weil sie weggezogen sind, sich in einer anderen Lebensphase befinden und sich deshalb die Wege beruflich und privat nicht mehr so selbstverständlich kreuzen. Das kann die Freundin aus der Studienzeit sein, die nach England gegangen ist, der Freund aus der Unternehmensberatung, der beinahe rund um die Uhr arbeitet, oder die einstige Dozentin, die man früher immer noch mal besucht hat, aber jetzt schon einige Jahre nicht mehr.

Denken Sie einen Moment an diese Personen. Greifen Sie dann zu Papier und Stift, und schreiben Sie die Namen von fünf Menschen auf, die in Ihnen sehr herzliche und intensive Gefühle auslösen, die Sie als freundlich und unterstützend erlebten, die Sie aber lange nicht mehr gesehen haben. Anschließend schicken Sie diesen fünf Menschen eine Postkarte. Es geht nicht darum, ihnen mitzuteilen, dass man den Kontakt wieder so wie einst in Gang setzen will. Teilen Sie jeder Person nur mit, dass Sie gerade an sie gedacht und sich gefragt hätten, wie es ihr wohl gehe. Sie werden sehen: Vermutlich bekommen Sie fünf nette Rückmeldungen. Doch noch wichtiger ist: Sie werden merken, wie schön es ist, selbst aktiv zu werden, selbst zu steuern, mit wem man Kontakt hat.

Durch die Postkarten-Übung erfahren Sie, dass Sie viel Energie zurückerhalten, wenn Sie selbst Kraft in gute und wertvolle soziale Kontakte stecken. Also: Wählen Sie ein paar hübsche Postkartenmotive. Und los geht es!

Der innere Kreis

Um besser einschätzen zu können, wie der eigene Freundes- und Bekanntenkreis aufgebaut ist, hilft es, sich das persönliche Netzwerk visuell vorzustellen. Malen Sie dazu einen kleinen Kreis in die Mitte eines DIN-A3-Blatts. In den Kreis schreiben Sie ein Wort: »Ich«. Um diesen Kreis ziehen Sie einen etwas größeren äußeren Kreis. Darum noch einen und noch einen. Nun notieren Sie in den unmittelbaren Kreis um das »Ich« die Namen der Menschen, die Ihnen nahestehen: enge Freunde, Familienmitglieder. In den nächsten Kreis kommen die Namen der Personen, die Sie zwar sympathisch finden, aber die Sie noch nicht gut kennen. Der letzte Kreis ist einigen prägnanten Kontakten aus dem Arbeitsleben vorbehalten, der Kita oder Schule der Kinder, den Vereinen, in denen Sie Mitglied sind.

Kennzeichnen Sie jetzt die Namen der Menschen, die Ihnen wichtig sind und zu denen Sie den Kontakt intensivieren wollen, mit Grün; Kontakte, die für Sie nicht mehr von so großer Bedeutung sind oder Sie sogar stressen, umrahmen Sie in Rot. Sehen Sie sich die rot markierten Namen noch einmal an: Sind einige Personen darunter, von denen Sie sich trennen, oder Verbindungen, die sie lockern wollen, weil sie sich überlebt haben, langweilig oder zu anstrengend geworden sind? Bilden Sie nun einen »inneren Kreis«, einen Wunschzirkel von Freunden und Bekannten, die Sie ohne Wenn und Aber mögen. Haben Sie einen solchen herauskristallisiert, verstärken Sie die Kontakte zu diesen Menschen wieder mehr. Und werfen Sie das Kreisbild mit dem sozialen Netzwerk nicht weg. Legen Sie es in eine Schreibtischschublade. Es kann nützlich sein, es sich ab und zu anzuschauen. (Außerdem können Sie das Netzwerk-Diagramm in zwei weiteren Übungen in diesem Kapitel zu Hilfe nehmen.)

Soziales Umfeld – Stress oder Stütze?

Fragt man danach, was Menschen glücklich macht, was stärkt und Sinn gibt, sagen die meisten nach einigem Nachdenken: »Meine Familie, meine Freunde, mein Partner.« Und das nicht von ungefähr. In einer Langzeitstudie der Harvard University in Cambridge haben Psychologen und Mediziner das Leben von 268 Männern und Frauen (alles Harvard-Absolventen) über siebzig Jahre begleitet. In dem Mammutprojekt, der sogenannten »Grant«-Studie, zeigte sich, dass langfristige Freundschaften und Beziehungen der wichtigste Faktor für ein glückliches und gesundes Leben sind. Beziehungen, in denen Liebe und echtes Vertrauen eine Rolle spielen, sind also eine Art Lebenselixier.[85] Dennoch ist es oft so, dass wir unsere Beziehungen gar nicht als besonders entlastend, schön und bereichernd empfinden. Sollte das bei Ihnen der Fall sein, sollten Sie versuchen, das zu ändern, ganz gleich, in welchem Lebensbereich Sie damit anfangen. Beziehungen dürfen hin und wieder stressig sein, zugleich sollen sie aber als eine Stütze empfunden werden.

Dass viele Frauen dies nicht häufig genug erfahren, hat auch einen Grund: Sie tun sich schwer, selbst die Menschen, die ihnen sehr nah sind, um Hilfe zu bitten oder zu sagen, was sie von anderen brauchen. Die Stressexpertinnen Dagmar Ruhwandel und Elke Rehhorn empfehlen deshalb ihren Klienten, sich privat und im Job Unterstützung zu holen. Indem wir anderen Menschen erlauben, uns zu helfen, knüpfen wir unsere sozialen Netze enger, schützen uns vor Stress und vertiefen die Beziehungen. Alexa Franke, Psychologin an der Technischen Universität Dortmund, formuliert es so: »Je mehr Menschen es gibt, denen ich vertraue, die mich entlasten, die Aufgaben übernehmen, wenn ich es nicht schaffe, von denen ich weiß, dass sie in meinem Sinne handeln, umso mehr kann sich bei mir das sichere Gefühl einstellen, dass ich mit den Problemen und Aufgaben, die sich mir stellen, schon fertigwerden kann.«[86]

Wenn wir uns bei Partnern, Familienmitgliedern sowie Freunden Rat und Unterstützung holen, wird das Leben leichter. Wenn Sie Schwierigkeiten haben, von anderen Liebe und Unterstützung zu fordern und anzunehmen, sollten Sie das demnächst ausprobieren.

Wie das geht? Im Grunde ist es simpel. Sagen Sie möglichst klar und kurz, was Sie wollen, mit Sätzen wie: »Ich möchte mit dir befreundet sein.« Oder: »Ich brauche Hilfe bei der Jobsuche und wollte fragen, ob du mich da unterstützen kannst.« Oder: »Liebster, kannst du heute einkaufen gehen? Ich bin einfach zu müde.« Anfangs kommen Ihnen solche Anfragen sicher nicht leicht über die Lippen, klingen sie in Ihren Ohren vielleicht zu fordernd. Dennoch: Frauen, die damit starten, sich Hilfe zu holen, machen die

Erfahrung, dass sich Türen sehr viel weiter öffnen. Man kommt ihnen meist viel herzlicher und großzügiger entgegen, als sie vorher vermutet hatten. Denken Sie daran: Haben Frauen Liebeskummer, erleben sie eine Trennung vom Partner, gehen sie in ihrer Not ja auch häufig auf andere zu, erzählen, wie traurig das alles ist, wie fertig sie sind. Nicht selten machen sie in solchen Phasen die Erfahrung, dass wie von Geisterhand eine Art Erste Hilfe da ist. Ob Trost, Jobangebot oder Kinderbetreuung – ein Netz von Unterstützern ist oft erstaunlich schnell aufgebaut. Notlagen können sogar dazu führen, dass man neue Freundinnen findet. Weil man sich öffnet und sich mit all seinen Schwächen, Ecken und Kanten zeigt, entstehen vielfach tiefe Bindungen, zum Teil sogar fürs Leben. Also, zeigen auch Sie, was Sie wollen und brauchen.

So können Sie in Ihrem sozialen Umfeld schnell herausfinden, wo Ihnen Kontakte Energie rauben – und wo die echten Stützen sind:

Hilfe suchen und finden

Holen Sie für die folgende Übung das Kreisbild aus der Schublade, Ihr persönliches Netzwerk (siehe S. 202 f.). Schauen Sie sich nun Ihre Beziehungen an, und überlegen Sie, wer in konkreten Stresssituationen hilfreich zur Seite stehen könnte. Stellen Sie sich dazu Fragen, zum Beispiel:

»Ich brauche nächstes Jahr einen neuen Job – wer könnte und würde mir bei der Suche helfen?« Oder: »Für den Donnerstag benötige ich noch eine Kinderbetreuung – wen könnte ich ansprechen, um jemanden zu finden, der das übernimmt?« Ziehen Sie alle Personen in Erwägung, die Sie in den einzelnen Kreisen namentlich notiert haben – und bleiben Sie nicht nur bei denjenigen haften, die Sie aus dem Job oder aus dem Kinderkontext kennen. Die Suche nach einem Babysitter gestaltet sich in nicht wenigen Fällen gerade bei den Menschen erfolgreich, die wenig damit zu tun haben, aber mit offenen Augen und Ohren durch die Welt gehen. Und den klasse Tipp für einen neuen Job könnte Ihnen auch eine Spielplatzbekanntschaft geben. Entscheidend ist, dass Sie fragen: »Kannst du mir helfen? Ich habe da eine Bitte ...« Auch wenn Ihnen das schwerfällt, aber nur wer aktiv nach Unterstützung fragt, bekommt sie auch. Und zwar oft unkomplizierter, als man vorher angenommen hatte!

Die Jagd auf die Psychovampire

In jedem Freundes- oder Bekanntenkreis lassen sie sich finden: Psychovampire, die uns die Energie rauben. Das kann die Freundin sein, die uns andauernd zur unmöglichsten Zeit anruft und über ihre zerrüttete Beziehung reden will, oder der Kollege, der immer wieder verspricht, Ihnen beim

Projektantrag zu helfen und Sie dann hängen lässt. Das kann auch der Liebhaber sein, der sich nicht entscheiden will und ständig tausend Gründe anbringt, warum aus der wirklich vielversprechenden Affäre niemals eine Beziehung werden kann.

Die amerikanische Kreativitätstrainerin Julia Cameron definiert Psychovampire so: »Sie sind langatmig bei Problemen, kurzatmig bei Lösungen.« Und weiter: »Sie sind charismatisch, charmant und im Besitz einer erstaunlichen Überzeugungsgabe. Für Menschen in ihrer Nähe sind sie äußerst destruktiv.«[87] Na, klingelt es bei Ihnen? Dann handeln Sie! Nehmen Sie sich noch einmal Ihre Netzwerkkreiskarte vor, und schauen Sie, wie viele Menschen aus Ihrem Bekannten- und Freundeskreis unter die Kategorie Blutsauger fallen. Es geht nicht darum, jedem dieser energieraubenden Personen sofort die Freundschaft zu kündigen. Ein paar nervenaufreibende Zeitgenossen im eigenen Leben sind schon okay – es kann ja nicht jeder pflegeleicht sein. Befinden sich aber allein im engsten Kreis zwei bis drei Dramaköniginnen und Nervensägen und im Bekanntenkreis noch mal drei oder mehr, sollten Sie sich überlegen, warum Sie sich mit Leuten umgeben, die Sie nicht stützen und Ihnen nicht guttun, weil sie einseitig etwas von Ihnen wollen. Oft lautet die ehrliche Antwort dann meist: Man glaubt, keine besseren Freunde verdient zu haben. Dazu kommt, dass die dramatischen Geschichten der anderen uns oft von den eigenen Sorgen ablenken und einen gewissen Unterhaltungswert haben (für den wir aber einen Preis zahlen).

Also, was ist zu tun? Schauen Sie sich Ihre Liste mit den Psychovampiren an, und überlegen Sie, bei welchen Personen

Sie wünschen, dass sich die Beziehung verändert. Schreiben Sie hinter jeden dieser Kontakte einen Satz, in dem Sie zusammenfassen, wie Sie sich die Veränderung vorstellen. Legen Sie fest, ob Sie mit der betreffenden Person eine bestimmte Sache nicht mehr machen werden, weil es bei der zuvor immer Streit gegeben hatte, ob Sie die Verbindung lockern oder die Dramen einfach an sich vorüberziehen lassen wollen. Gelassenheit und Nicht-drauf-Eingehen ist ein gutes Gegengift: »Dazu habe ich schon so oft was gesagt, lass uns über was anderes reden.« Oder: »Und, wie geht es dir sonst?« Mit solchen Sätzen grenzen Sie sich ab und nehmen den Psychovampiren die Nahrung – das normalisiert den Kontakt häufig grundlegend.

Spezialfall Beziehung:
Wie Sie sich in der Liebe entspannen

Verliebt zu sein, ist aufregend. Liebe tut gut. Eine Beziehung stärkt und gibt Sicherheit ... Na ja. Viele Paare stellen nach einer Weile fest, dass sie sich zwar heiß und innig lieben, aber dass die Partnerschaft auch eine Stressquelle ist. Jedenfalls phasenweise. Es fliegen dann die Fetzen, es gibt permanent kleine Duelle, man fühlt sich unverstanden oder betrogen. Manchmal fragen wir uns, warum es eigentlich so schwer ist, die Beziehung zu einer Oase der Freude und Leidenschaft zu machen, und warum sie so leicht zu einem Kampfplatz ausartet.

Marion, die mit ihrer Freundin Paula ein Sylt-Wochenende verbracht hatte, litt nicht nur unter Jobproblemen, sondern befand sich auch in einer festgefahrenen Beziehungssituation. Sie und ihr Freund Karsten waren in eine Dauer-Stressschleife geraten. Wie das passierte, kann Marion selbst nicht mehr ganz nachvollziehen. Denn eigentlich war Karsten ihr Traummann, und im ersten Jahr der Beziehung freuten sie sich daran, dass sie beide gern klettern und laufen, Sport generell wichtig finden. Aber nicht nur das, gutes Essen und ein Zusammensein mit Freunden hatten sie genauso geliebt. Sie hatten viel gemeinsam unternommen, viel gelacht, viel Zeit im Bett verbracht. Aber irgendwann ging Marion davon aus, dass sie mit Karsten nicht über ihre Probleme reden kann, dass er nicht auf sie einging, wenn sie Stress bei der Arbeit hatte, dass er auch nie über seine Schwierigkeiten sprach. Marion fühlte sich alleingelassen und machte Karsten Vorwürfe über sein gestörtes Kommunikationsverhalten. Der zog sich daraufhin mehr und mehr zurück, verbrachte wieder viel Zeit mit alten Sportsfreunden, was Marion noch wütender machte. Irgendwann hatte sich in die Beziehung ein nörgeliger, kämpferischer Ton eingeschlichen. Auch im Alltag warfen die beiden sich jetzt häufiger zynische Bemerkungen zu, stichelten, stritten dann schnell. Eine Quelle der Erholung war diese Beziehung nicht mehr. Und als Marion auf Sylt ihrer Freundin Paula den Stand der Beziehung schilderte – viel Streit, wenig Sex, wenig gemeinsame Zeit –, war Paula zunächst ganz erstaunt gewesen: Die beiden hatten doch immer super zusammengepasst, was war da bloß geschehen?

Die Frage ist berechtigt, und es lohnt sich, ihr auf den Grund zu gehen. Natürlich gehört zur Liebe ein bisschen Stress dazu. Aber sehr oft haben wir in Beziehungen einen Zwang zur Ehrlichkeit, sind streng zum anderen und zu uns selbst, entzünden an Kleinigkeiten gigantische Streits oder lassen den Frust am Partner aus, auch wenn dieser damit gar nichts zu tun hat. Viele Frauen behandeln ihre Freundinnen nicht selten netter, nachsichtiger und partnerschaftlicher als ihren Liebsten. Das ist gelegentlich verständlich, doch wenn der Beziehungsstress zu viel wird, vergiftet er die Atmosphäre in der Liebe dauerhaft.

John Gottman ist Psychologieprofessor[88] an der Washington University. In seinen Studien, in denen es um Kommunikationsmuster in gelingenden Partnerschaften geht, hat er immer wieder festgestellt, dass in harmonischen, stabilen Beziehungen auf eine kritische Äußerung – »Hey, warum hast du den Müll denn nicht runtergebracht?« – im weiteren Verlauf des täglichen Gesprächs etwa vier positive oder bekräftigende Kommentare folgten, zum Beispiel: »Danke fürs Einkaufen« oder: »Schön, dass du vorbeikommst.« In Phasen, in denen die Stimmung in der Beziehung aber ohnehin schlecht ist, bekommt die Kommunikation ziemlich leicht Schlagseite – dann gerät das Vier-zu-eins-Verhältnis von wohlwollenden und kritischen Kommentaren oft aus dem Gleichgewicht, das liebevolle Level der Beziehung kippt.

Gottman hat positive und negative Äußerungen auch tiefer gehend analysiert und so herausgefunden, welche Verhaltensweisen für die Atmosphäre in Beziehungen besonders schädlich sind. Die von ihm extrahierten »vier apokalyptischen Reiter« in der Liebe sind: Kritik, Verachtung, Rechtfertigung und Rückzug. Paare, die schon beim geringsten Streit mit diesen Verhaltensweisen reagieren, haben laut Gottman schlechte Chancen auf eine gute und stabile Beziehung; sie trennen sich häufig.

Deshalb: Lernen Sie, in der Liebe mehr wohlwollende Äußerungen zu platzieren, und kontrollieren Sie hin und wieder den Punktestand bei Ihren Positiv- und Negativkommentaren. Falls sich das für Sie etwas technisch und unromantisch anhört, bedenken Sie: Wir lassen den kleineren und größeren miesen Gefühlen in unseren Beziehungen viel eher freien Lauf als bei Freunden, bringen dadurch Unfrieden in einen Bereich, der eine der wichtigsten Kraftquellen für uns sein soll.

Marion kannte die Vier-zu-eins-Regel und die »apokalyptischen Reiter« nicht, ebenso wenig ihre Freundin Paula. Trotzdem riet sie ihrer Freundin etwas Ähnliches: Nämlich mehr Freundlichkeit von ihrer Seite aus in die Beziehung zu bringen und Karsten nicht dauernd zu kritisieren. Paula meinte übrigens nicht, dass Marion schuld an der Entwicklung sei und an Karstens Rückzug. Sie hatte nur in ihrer eigenen Beziehung die Erfahrung gemacht, dass ihr Mann auf ständige Beziehungsgespräche allergisch reagiert, mauert – und sich extrem angegriffen fühlt.

In ihrem Ratgeber *Schatz, wir müssen gar nicht reden!* hat die amerikanische Paartherapeutin Patricia Love dies zum Thema gemacht: »Auch wenn die besten Absichten dahintersteckten, die Probleme in der Beziehung verschlimmern sich durch das Reden darüber, statt sie zu beheben.«[89] Nach Meinung von Love würden keine mangelnden kommunikativen Fähigkeiten seitens der Männer hinter diesem Konflikt stecken. Eher sei es so, dass Frauen sich einfach besser fühlen, wenn sie über Schwächen und Mängel in der Partnerschaft sprechen – Männer dagegen fühlen sich laut Einschätzung der Paartherapeutin danach schlechter. So komme es zur emotionalen Trennung – und zu sehr viel

Stress. Statt zu oft Probleme zu wälzen, ist also angesagt, immer mal wieder die schönen Aspekte der Beziehung zu benennen und zu betonen.

Das ist kein Plädoyer für eine Partnerschaft, in der man niemals mit Geschirr wirft, nie ungerecht oder kleinlich ist, alles nur harmonisch zu sein hat. Wir sollten uns nur klarmachen, dass wir positive Gefühle immer wieder aktiv und geplant in Beziehungen einbringen sollten. Ein bisschen ist das wie in der Physik: Einfallswinkel gleich Ausfallswinkel. Oder, altmodischer formuliert: Wie man in den Wald ruft, so schallt es heraus.

Marion versuchte nach dem Sylt-Wochenende den Tipp ihrer Freundin zu beherzigen und reagierte weniger kritisch auf Karsten. Wenn er mit den Sportsfreunden ausging, sagte sie: »Viel Spaß!« – und verkniff sich die Frage: »Wann kommst du zurück?« Brachte er den Müll raus, bedankte sie sich. Und saßen sie freitagabends zusammen bei einem Glas Wein auf dem Sofa, redeten sie über den Alltag, über sportliche Ereignisse, ihre Freunde. Sie vermieden Auseinandersetzungen über die eigene Beziehung, ob sie nun gut, wenig befriedigend oder kaum zu ertragen sei. Anfangs fand Marion das etwas steif und künstlich, doch nach einiger Zeit glätteten sich die Wogen. Marion merkte, dass Karsten und sie weniger stritten, häufiger wieder zusammen lachten, Sport machten und sich verbundener fühlten.

Dieses Entstressungsprogramm für Beziehungen klingt vielleicht ein wenig schlicht. Aber oft sind es solche kleinen Schritte, die die Stimmung in der Partnerschaft wieder auf ein Level bringen, auf dem man sich wohlfühlen kann. Und mit einer stärkeren emotionalen Verbindung lassen sich auch besser echte Konflikte lösen, wenn sie auftauchen. Denn immer wieder kommen Paare an Punkte, wo wirklich diskutiert werden muss. Wenn sie beispielsweise Kinder will und er nicht. Oder sie extrem viel arbeitet und er sich fragt, wann mal Zeit für ein gemeinsames Wochenende ist. Die Kunst ist, die Zeiten, in denen man über solche Konflikte spricht, kurz zu halten – und dabei möglichst konkret und liebevoll zu bleiben.

Die Hamburger Psychotherapeutin Andrea Patzer hat in ihrer Praxis beobachtet, dass Frauen, die in einem grundsätzlichen Aspekt unzufrieden sind, einen indirekten Weg der Kritik wählen, nörgeln, beleidigt sind, nur andeuten, was sie wollen. Gerade so wichtige Fragen wie etwa die nach Kindern, nach einer gemeinsamen Wohnung oder dem Umgang mit dem Nachwuchs aus vorhergehenden Beziehungen sollte man deutlich zur Sprache bringen. Und dann auch mal ruhen lassen. Denn in den Gesprächspausen arbeitet das Thema in beiden weiter. Es spricht nichts dagegen, in der Zwischenzeit eine gemeinsame gute Zeit zu haben.

Das Gute sehen

Manchmal nervt er einfach. Wenn man im Schlafzimmer über Berge schmutziger Wäsche steigt, in der Pizzeria den ganzen Abend über Fußballergebnisse oder seinen Job reden soll oder er trotz aller Vereinbarungen dauernd zu spät kommt, mögen wir unseren Partner nicht besonders gern. Wir machen eine Szene oder Vorwürfe, denn so ein Verhalten können wir nicht durchgehen lassen. Das ist auch okay. Aber daraus darf kein Dauerstreit werden. Wenn Sie schon öfter wegen derselben Kleinigkeiten Zoff hatten, probieren Sie demnächst folgende drei Worte: »Was soll es!« Genau, Sie haben richtig gelesen. Lassen Sie diese Dinge einfach auf sich beruhen und gehen zur Tagesordnung über, essen Sie weiter, haben Sie später Sex.

Sie sträuben sich gegen diese Idee? Umso besser. Versuchen Sie es dann erst recht. Sie werden sehen, dass sich der Punkt, um den Sie sich gern gestritten hätten, sehr schnell verflüchtigt. Das entspannt ungemein. Wenn Ihnen diese Taktik schwerfällt, wenden Sie einen Kniff an: Stellen Sie gedanklich eine Liste zusammen mit drei Eigenschaften, die Sie an Ihrem Partner sensationell finden. Flüstern Sie diese, wenn Sie das nächste Mal sauer auf ihn sind (natürlich nicht in seiner Gegenwart). Stellen Sie sich die drei tollen Eigenschaften plastisch vor. Wie fühlen Sie sich, wenn Ihr Partner sich so angenehm zeigt? Und genau in dieser Stimmung gehen Sie auf ihn zu. Sie werden sehen: Das funktioniert.

Spezialfall Familie –
mehr Aufgabenteilung und Klarheit

Frauen mit Kindern wissen: Familie ist schön, aber häufig auch ein Stressfaktor mit durchwachten Nächten, Krankheiten und der Anforderung, Karriere und Kinder unter einen Hut bringen. Ein ausbalanciertes Familienleben ist gerade in den ersten Lebensjahren der Kleinen ein Kunststück, mit Beginn der Grundschule entzerrt es sich ein wenig, dennoch treten immer wieder Engpässe auf, etwa durch lange Ferienzeiten oder erneute Krankheiten.

Aber die Umstellung auf die Elternschaft und das zeitlich enge Timing sind oft nicht die einzigen Gründe, warum Paare so häufig in Streit geraten und über Stress klagen. Viel belastender ist die Frage, wer sich wie und in welchem Umfang in Haushalt, Kinderbetreuung und Geldverdienen einbringt. Die bisherigen Rollen werden neu gemischt, müssen in der Beziehung neu aufgeteilt werden. Und nicht selten sind beide Partner mit der gewählten Aufteilung unzufrieden.

Wassilios E. Fthenakis hat jahrzehntelang erforscht, wie und warum sich Beziehungen verändern, wenn Paare zu Eltern werden. Der Pädagogikprofessor fand heraus, dass Paare nach der Geburt des ersten Kindes oft unzufrieden sind und sich viel streiten. Ein großes Konfliktpotenzial besteht darin, dass Väter in den ersten drei Jahren der Familienphase häufig mehr arbeiten als vorher, während Frauen ihre beruflichen Ambitionen zurückstellen, ihre Tätigkeiten um die Hälfte, manchmal sogar um zwei Drittel reduzieren.[90] Das bedeutet: Wenn Paare Eltern werden, dann etablieren sich nach wie vor die klassischen Rollen, bei denen der Mann als Verdiener auftritt und die Frau hauptsächlich für die Kinder zuständig ist. Elternpaare tappen also in alte Fallen, und letztlich sind beide Partner häufig unglücklich über diese Situation – und auch überrascht, wie schwer es ist, die tradierte Rollenverteilung zu überwinden.

Lässt sich dagegen etwas tun? Fthenakis rät werdenden Eltern, bereits im Vorfeld gut zu überlegen, wer welche Rollen übernehmen wird. Also: Planen Sie. Diskutieren Sie. Streiten Sie. Im Vorfeld. Und dann halten Sie sich an den Plan. Und wenn Sie schon Kinder haben und merken, dass alles aus dem Ruder läuft: Bleiben Sie ruhig. Setzen Sie sich zusammen. Besprechen Sie, was Sie ändern wollen, wie Sie Haushalt, Kinderabholen und Karrierepläne gemeinsam unter einen Hut bekommen. Wenn Sie im laufenden Familienbetrieb etwas Grundlegendes an den Rollen ändern wollen, brauchen Sie allerdings ein bisschen Geduld. Planen Sie eher in Jahres- als in Monatsschritten, denn so schnell wird der Partner nicht seine Stelle reduzieren.

Was Sie sofort tun können: »Einen Babysitter anschaffen oder die Kinder bei den Großeltern unterbringen«, das jedenfalls rät der Psychoanalytiker Wolfgang Schmidbauer Elternpaaren, die sich streiten.[91] Denn so kommt zumindest die oft vernachlässigte erotische Ebene der Beziehung wieder mehr zum Klingen. Klar, das Liebesleben zu planen, hört sich auch erst mal nicht gerade sexy an. Aber die Planerei, so Schmidbauer, gehöre bei Eltern einfach dazu. Manchen macht es mit der Zeit sogar ein bisschen Spaß.

 *Was ist unsere Abmachung?*

Setzen Sie sich mit Ihrem Partner zusammen und versuchen Sie, die gemeinsamen gültigen Absprachen zu beschreiben. Fragen Sie: »Wie haben wir die Aufgaben verteilt? Sind wir zufrieden? Haben wir das Gefühl, dass einer zu viel macht, ein anderer zu wenig?« Es kann sein, dass dieses Gespräch in einen Streit ausartet. Versuchen Sie, fair zu bleiben und keine Vorwürfe zu formulieren, sondern festzustellen, was los ist. Wenn einer der beiden Partner unzufrieden ist und die Abmachung ändern will, sollte er das sagen. Vielleicht stellt sich dabei heraus, dass beide Partner dies sogar wollen.

Wenn Sie vor einer solchen Aussprache Angst haben, weil sie ziemlich viel Sprengstoff beinhalten könnte, sollten Sie überlegen, ob Sie für zwei, drei Stunden ein Paarcoaching oder eine Paarberatung machen. Bei der Klärung einer wichtigen Frage kann das gut helfen. Hat Ihr Partner partout keine Lust dazu, können Sie sich auch allein coachen lassen. Das ist nicht optimal, kann aber Klarheit bringen, die Ihnen eine gute Grundlage für das nächste Gespräch gibt.

Hätten Sie es gewusst?

*Sind Burn-out und Dauerstress Phänomene
unserer heutigen Gesellschaft?*

Die Stresswelle, die heute über unsere Gesellschaft
schwappt, ist nicht ganz neu. Heinz-Peter Schmiedebach,
Direktor des Instituts für Geschichte und Ethik der
Medizin am Hamburger Universitätsklinikum Eppendorf,
hat herausgefunden: »Alle 150 Jahre gab es ähnliche
Phänomene.«[92]

Das letzte Mal fühlten sich die Menschen zu Beginn der
Industrialisierung, in der zweiten Hälfte des 19. Jahrhunderts, extrem gestresst. Die Ärzte nannten das Krankheitsbild, das dem heutigen Burn-out verblüffend ähnlich
war, »Nervenschwäche«. Und auch die Ursachen der
Erschöpfung waren in gewisser Weise vergleichbar: Auch
damals veränderten sich die Lebenswelt und die Arbeits-
bedingungen in einem großen Tempo. Neue technische
Errungenschaften erleichterten einerseits den Alltag,
führten andererseits aber zu enormen Verunsicherungen.[93]

Das Problem der Nervenschwäche nahm solche Ausmaße
an, dass auf vielen Ebenen Ideen entwickelt wurden, wie man
den Betroffenen helfen könne. Man überlegte, die Straßen
zu teeren, um den Lärm, den Pferdekutschen und Leiter-
wagen verursachten, wenn sie über das Kopfsteinpflaster
rumpelten, zu reduzieren. Den Berliner Kutschern wollte
man sogar das Peitschenknallen verbieten. Verschiedene

Medikamente zur Beruhigung des gebeutelten Nerven-
kostüms wurden entwickelt, sogar eine Rasiercreme, die
besonders den »nervösen Herren« empfohlen wurde.
Außerdem riet man zu einer Kur in einem Sanatorium.

Zwanzig, dreißig Jahre später, als die Menschen sich an
die neuen Lebensumstände gewöhnt hatten, verschwand
langsam das Krankheitsbild der Nervenschwäche. Was
heißt das für unsere heutige Zeit, das verflixte 150. Jahr
ist gerade wieder erreicht? Es kann gut sein, dass die
Generationen nach uns das Leben gar nicht mehr so
anstrengend empfinden wie wir, sondern sich an den
neuen Rhythmus gewöhnt haben.

10

Ich bin dann mal selbstbewusst ...

Zehnter Schritt
So bauen Sie Ihr Selbstvertrauen aus
und werden automatisch gelassener

Moderne Frauen sind selbstbewusst. Sie mischen mit, wissen, wie man auf sich aufmerksam macht und stehen mit ziemlich aufrechter Haltung in der Welt. Klar, auf eine gewisse Weise stimmt das auch. Unser Selbstbewusstsein hat in den letzten Jahrzehnten tatsächlich zugenommen: Jean Twenge, Psychologin an der San Diego State University, hat beispielsweise in einer Langzeitstudie herausgefunden, dass 77 Prozent der Frauen sich heute selbstbewusst fühlen, in den Achtzigerjahren waren es nur halb so viele.[94] Gleichzeitig weisen Therapeuten und Berater hierzulande aber immer noch und immer wieder darauf hin, dass 80 Prozent der Frauen, die sie aufsuchen, vor allem unter ihrem mangelnden Selbstvertrauen leiden.[95] Sie wären gern mehr von sich überzeugt, schon deshalb, um ihr Leben entspannter und mutiger zu gestalten. Einige hätten sogar angegeben, dass sie sich schon wichtige Chancen verbaut hätten, weil es ihnen an Selbstbewusstsein mangelte.

Da fragt man sich natürlich: Was ist da los? Ist die Selbst-sicherheit nur Fassade? Die Antwort findet man, wenn man sich die Forschung zum Thema Selbstvertrauen genauer anschaut. Psychologen unterscheiden zwischen einem »expliziten« und einem »impliziten« Selbstvertrauen. Das explizite, äußere Selbstvertrauen ist das, was wir normaler-weise im Blick haben. Wenn wir Erfolge erleben, wächst es. Wenn wir anerkannt und gemocht werden ebenfalls. Von dem expliziten Selbstwertgefühl haben Frauen eine ganze Menge. Die Krux ist dabei nur: Das explizite Selbstver-trauen ist sehr stark abhängig davon, wie andere uns fin-den und wie sie auf uns reagieren. Und leider ist es ver-gleichbar mit Schokolade – ein wenig davon macht nur kurz glücklich, aber wir wollen schnell mehr.

Das innere, implizite Selbstvertrauen könnte man da-gegen als Hippie-Haltung charakterisieren. Egal was wir tun, was wir erreichen oder wo wir stehen – wir ruhen in uns und finden uns in Ordnung. Es ist der stabilere Pfeiler des Selbstvertrauens. Und genau an diesem inneren Selbst-vertrauen fehlt es uns gewaltig.

Wer sich im Leben mehr Gelassenheit und weniger Stress wünscht, sollte also weniger aufs äußere, sondern verstärkt aufs innere Selbstvertrauen setzen. Denn dann lässt man sich nicht so leicht von anderen einspannen und hechelt nicht dem Beifall hinterher, sondern achtet mehr auf die eigenen Grenzen und Bedürfnisse, bekommt im Lauf des Tages meist ganz gut mit, wo man steht und wie fit man ist. Experten für Stresskrankheiten und Work-Life-Balance sind deshalb der Meinung, dass mehr Ich-Stärke eine wichtige Voraussetzung dafür ist, um mit Stress und Druck im Leben einen gesunden Umgang zu finden.

Noch ein Wort dazu, warum Frauen zwar äußerlich stark wirken, sich aber innerlich oft gar nicht stark fühlen: In den letzten Jahrzehnten haben sie viel dafür getan, um in der äußeren Welt zu bestehen, um sich durchzusetzen und weiterzukommen. Sie haben da eine Menge erreicht. Gleichzeitig ist das innere, implizite Selbstvertrauen nicht immer mitgewachsen. Im Inneren sind Frauen häufig unsicher, trauen ihren Erfolgen nicht oder fühlen sich wie eine Mogelpackung. Die US-Psychologin Pauline Clance prägte für dieses Gefühl Ende der Siebzigerjahre den Begriff »Hochstaplersyndrom«, das immer dann besonders signifikant wurde, wenn Frauen sich in Bereiche vorwagten, in denen vorher hauptsächlich Männer unterwegs waren (in Führungspositionen, in technischen und naturwissenschaftlichen Fächern).[96]

Dieser »Komplex« ist noch heute bei Frauen zu finden, so die Hamburger Psychotherapeutin Andrea Patzer. In ihrer Praxis begegnet sie immer wieder Frauen, die zwar äußerlich die Welt selbstbewusst erobern, innerlich aber nicht davon überzeugt sind, dass sie ihre Sache perfekt machen. Umso häufiger wenden sie sich deshalb nach außen und suchen dort Sicherheit und Bestätigung. Das macht sie besonders anfällig für Stress. Bei Kritik und Rückschlägen sind sie stärker verunsichert als ihre männlichen Kollegen – und um das auszubügeln, arbeiten sie noch länger, noch akkurater. Genau in dieser Grundunsicherheit liegt die Gefahr, mehr leisten zu wollen und sich mehr Sorgen zu machen, als einem guttut. Deshalb ist das innere, das tiefe Selbstvertrauen die beste Basis für ein gelassenes Leben. Und darum kümmern wir uns nun.

Sich selbst und seinen Körper besser spüren

Der erste und einfachste Schritt zu mehr innerem Selbstvertrauen geht über den Körper. Wenn wir beim Sport unsere Muskeln, beim Yoga die Dehnung der Sehnen spüren oder bei einer ruhigen Atemübung unsere Sinne öffnen, sind wir danach nicht nur euphorisch, weil wir etwas geschafft oder uns etwas Gutes getan haben, wir haben auch das Empfinden, wieder in unserem Körper zu Hause zu sein. Wir fühlen uns in der eigenen Haut wohl. Viele Frauen entdecken deshalb in einem Sportkurs, bei ein paar Laufrunden oder täglichen Qigong-Einheiten den ersten festen Anker, der Nähe zu sich selbst garantiert. Wer keinen Sport mag, kann, wie schon gesagt, Spaziergänge in der Natur machen, denn auch diese verbinden uns mit uns selbst.

Bewegung und Sport machen uns nicht nur fitter, sondern auch selbstbewusster. Und sich auszupowern hat noch einen anderen Effekt: Beim Training kann man nämlich aufgestaute Gefühle herauslassen, Aggressionen, Ängste oder Frust. Die in Schweden geborene Fitnesstrainerin Ann Christiansen, die weltweit Frauen in Nia unterrichtet, einer ganzheitlichen Bewegungslehre, die aus Yoga, Kampfsport und Tanzelementen besteht, hat in ihren Kursen und Ausbildungsgruppen erfahren, dass es einen entspannenden sowie aufbauenden Aspekt hat, wenn man die eigenen Gefühle im Sport offenbart: »Wer in seinen Gesten ein bisschen dramatisiert, Arroganz, Euphorie oder Wut im Tanz übertrieben ausdrückt, merkt, dass dadurch nicht nur die Laune besser wird, sondern auch das Selbstwertgefühl.« Und damit Sie das gleich ausprobieren können, hier zwei einfache Übungen der Nia-Trainerin, der noch einige weitere folgen, die Ihr Selbstvertrauen festigen:

Fit fürs Selbstvertrauen

ÜBERTRIEBEN TANZEN: Suchen Sie sich Musik heraus, die Sie mögen, zum Beispiel einen funkigen Disco-Song, ein Punkrock-Lied und eine Ballade. Hauptsache, die einzelnen Stücke sind unterschiedlich. Tanzen Sie zu diesen Songs möglichst übertrieben, möglichst ausdrucksvoll: Werden Sie eine Disco-Queen, spielen Sie bei Punkrock Luftgitarre, begleiten Sie die Ballade mit theatralischen Gesten. Ja, das ist ein wenig wie im Teenie-Zimmer, aber nach ein bisschen Überwindung macht es einfach nur Spaß – und führt uns an unsere Emotionen, an unsere Spielfreude heran.

LASS DIE SONNE REIN: Mit dieser Meditationsübung können Sie sich selbst zum Strahlen bringen, und das in nur drei Minuten: Setzen Sie sich im Schneider- oder Lotussitz auf den Boden, mit geradem Rücken, und schließen Sie die Augen. Atmen Sie ruhig und entspannt. Stellen Sie sich vor, eine kleine gelbe Sonne würde in Ihrem Bauch sitzen. Spüren Sie die Wärme? Lassen Sie den Energieball nach oben wandern und in den ganzen Körper strahlen.

Dann lassen Sie die Sonne über Ihrem Kopf schweben und auf Sie scheinen. Genießen Sie erneut die Wärme und das helle Licht; atmen Sie weiter. Nach zwei, drei Minuten verabschieden Sie sich von der Sonne und öffnen wieder die Augen. Stehen Sie auf. Mit dieser Übung kommt man ziemlich schnell bei sich selbst an!

Ein freundliches Selbstbild entwickeln

Kennen Sie einen der größten Unterschiede bei Menschen mit viel und mit wenig Selbstvertrauen? Die Selbstbewussten mögen sich mit ihren Stärken *und* Schwächen. Die weniger Selbstbewussten sehen ihre Stärken nur zum Teil und hadern permanent mit ihren Schwächen. Das jedenfalls hat die Psychotherapeutin Stefanie Stahl in ihrer Trierer Praxis immer wieder beobachtet.[97]

Mangelndes inneres Selbstvertrauen hat viel damit zu tun, wie kritisch wir uns selbst sehen und ob wir ein tendenziell negatives Selbstbild wieder und wieder reproduzieren. Häufig bleiben Frauen in ungünstigen Vorstellungen von sich selbst hängen, mäkeln an sich herum, fühlen sich unfähig und verurteilen sich für kleine Missgeschicke. Dieser nachteilige innere Monolog über uns selbst ist erschreckend. Menschen mit wenig Selbstvertrauen wurde deshalb gesagt, sie sollten anerkennend über sich reden und sich positive Sätze zuflüstern. Das allein, so hat eine Gruppe kanadischer Psychologen festgestellt, nützt allerdings noch gar nichts.[98] Gerade bei Personen, die ohnehin nicht besonders viel inneres Selbstvertrauen haben, nützen stumpfe »Ich-bin-gut«-Sätze wenig. Das Zauberwort heißt stattdessen: Selbstmitgefühl.

Die an der Texas University lehrende Psychologin Kristin Neff hat in Studien festgestellt, dass wir lernen müssen, uns selbst so empathisch und freundlich und verständnisvoll zu begegnen, wie wir es bei anderen Menschen häufig tun.[99] Selbstmitgefühl ist aber nicht zu verwechseln mit Selbstmitleid. Beim Selbstmitgefühl geht es darum, sich von außen wie eine Freundin oder ein Kind zu betrachten, sich Trost und Mut zuzusprechen, im Geiste über den Kopf zu streicheln und zu sagen: »Hey, das ist doch in Ordnung so.« Der Perspektivwechsel, bei dem man sich von außen anschaut und bei dem man sich wie eine wohlwollende Mentorin um die eigenen Unsicherheiten und Zweifel kümmert, ist anfangs etwas gewöhnungsbedürftig – doch man kann ihn trainieren.

Gut zu sich selbst sein

HALLO MEIN KIND: In uns existieren verschiedene Stimmen und Persönlichkeitsanteile. Besonders vertraut ist uns das »Eltern-Ich«, das spricht, wie wir es von unseren Eltern gewöhnt sind, sowie das eigene »Erwachsenen-Ich«, das uns mit unseren Meinungen, Stärken und Schwächen zeigt. Daneben gibt es noch ein sogenanntes »Kind-Ich«, das unsere Kindheitserfahrungen, unsere Ausgelassenheit, den Spieltrieb und unsere einstigen Meinungen beinhaltet. Versuchen Sie zunächst, die drei Stimmen beziehungsweise Persönlichkeitsanteile in sich zu finden. Folgende Situationen sind dazu hilfreich: Sie sind bei Ihrem Lieblingseisladen und sehen die verschiedenen Eissorten. Was sagen nun Erwachsenen-, Kind- und Eltern-Ich? Oder: Sie stehen in Ihrem alten Kinderzimmer. Was fühlen Erwachsenen-, Kind- und Eltern-Ich? Können Sie die drei jeweiligen Komponenten ein bisschen spüren? Gut. Dann geht es weiter.

Versuchen Sie jetzt, den Kontakt mit dem »inneren Kind« etwas zu vertiefen. Stellen Sie sich vor, wie es aussieht, wie es spricht, wie alt es ist. Und dann nehmen Sie sich einen Zettel und einen Stift zur Hand und betreiben einen kleinen schriftlichen »Wortwechsel« mit Ihrem inneren Kind. Stellen Sie ihm Fragen wie: »Wie geht es dir? Was machst du gern? Was würdest du am liebsten in dieser Situation tun? Wie fühlst du dich?« Danach versetzen Sie sich in die Perspektive des inneren Kindes, antworten Sie auf die Fragen. Das wird am Anfang etwas fremd sein, im Lauf der Übung aber immer besser klappen. Versuchen Sie, sich so ehrlich wie möglich in Ihr kindliches Ich hineinzudenken, dem kindlichen Ich so gut wie möglich zuzuhören. Was fast spielerisch aussieht, ist sehr effektiv: Sie trainieren mit dieser Übung Ihr Selbstmitgefühl. Wenn Sie merken, dass die Gespräche mit dem Kind-Ich Sie interessieren und Sie dieses Vorgehen weiter vertiefen wollen, lesen Sie weiter im Selbsttherapie-Klassiker *Aussöhnung mit dem inneren Kind* der amerikanischen Psychotherapeutinnen Erika J. Chopich und Margaret Paul.

SCHREIBEN SIE SICH SELBST EINEN BRIEF: Eine weitere innere Stimme, die vielen von uns zu schaffen macht, ist der »Kritiker«. Dieser Teil unserer Persönlichkeit zweifelt, nörgelt, gibt sich als Bedenkenträger. Sie wissen, wen ich meine? Na eben. Nehmen Sie einen Augenblick aufmerksam wahr, was diese Stimme zu sagen hat. Und dann setzen Sie sich hin und schreiben Ihrem skeptischen, unsicheren, Argwohn verstreuenden Persönlichkeitsanteil einen tröstenden und aufbauenden Brief. Stellen Sie sich vor, er wäre eine Freundin, die gerade eine Krise hat. Danach stecken Sie den Brief in einen Umschlag und frankieren ihn. Der Adressat sind Sie selbst. Wenn Ihnen danach ist, legen Sie ein paar Gummibärchen oder Sternenglitter mit hinein. Es klingt seltsam, aber es ist ziemlich schön, von sich selbst Post zu bekommen. Probieren Sie es!

Mit Niederlagen umgehen

Das Kreuz mit dem Selbstvertrauen ist: Je schwächer und wackeliger wir uns fühlen, desto mehr vermeiden Frauen, aktiv zu werden und etwas zu wagen. Aus Angst, Niederlagen zu erleben, Fehler zu machen, zu scheitern. Jonathan Haidt, Psychologe an der New York University Stern School of Business, ist überzeugt davon, dass Fehler und Niederlagen notwendig sind, damit wir ein glückliches, erfolgreiches und erfülltes Leben führen und unsere Ängste überwinden können.[100] In diesem Sinn sind wir in unserer inneren Unsicherheit gleichsam ein Held in einem Hollywoodfilm: Je mehr Hindernisse und Widrigkeiten wir überwinden müssen, desto stärker und selbstsicherer werden wir. Und je selbstsicherer wir sind, desto eher gelingt es, uns gegen nervige Dinge, Ansprüche und Hetze abzugrenzen. Oder wir stehen sogar ganz cool darüber. Das heißt aber auch, dass wir ein paar exzellente Strategien brauchen, wie wir mit Rückschlägen, Kritik und Pannen umgehen können.

Warum brechen eigentlich gerade Menschen, die kein ausgeprägtes Selbstwertgefühl haben, oft komplett ein, wenn etwas schiefläuft. Harlich H. Stavemann, Verhaltenstherapeut in Hamburg, ist der Meinung, dass die weniger selbstbewussten Menschen häufig von einem Multiplikationsmodell ausgehen, wenn es um das eigene Selbstwertgefühl geht.[101] Das heißt: Wenn diese Personen all ihre Stärken geistig vor Augen haben, sind jene nicht durch ein Pluszeichen, sondern durch ein Malzeichen miteinander verbunden. Sobald dann eine einzige Sache misslingt, eine einzige Null in der Gleichung auftaucht, bedeutet das für das Ergebnis ebenfalls eine Null, noch dazu eine riesige – unabhängig von den anderen Leistungen. Deshalb rät Stavemann seinen Klienten, sich ihren Rechenfehler bewusst zu machen und zu versuchen, nach und nach von der Multiplikation zur Addition zu wechseln.

Damit das gelingt, muss man kein Mathegenie sein. Eher geht es darum, sich ständig der eigenen Stärken bewusst zu sein, dass man eine patente Mutter, eine gute Mitarbeiterin, eine erstklassige Chorsängerin, super im Sprachenlernen, Organisieren und im Gulaschkochen ist. Da hat man einige positive Selbstbilder, aus denen man wählen, die man hervorziehen kann, wenn es in dem einen oder anderen Bereich mal nicht so läuft. Kürzer gesagt:

Wer all seine Stärken parat hat und sie gleichberechtigt nebeneinanderstehen lässt, den können Niederlagen nicht mehr so stark herunterziehen. Klingt ganz gut, oder?

Ich habe es auf der Rechnung

Nehmen Sie einen Zettel und einen Stift und notieren Sie alle Rollen, in denen Sie täglich wirken: Mutter, Geliebte, Hausfrau, Karrierefrau, Mitglied im Vereinsvorstand, Tochter, Schwester, Ehefrau etc. Hinter jede dieser Rollen halten Sie zwei Eigenschaften fest, die Sie in dieser Funktion besonders ausmachen. So sind Sie zum Beispiel im Job leidenschaftlich und innovativ, als Hausfrau fix und pragmatisch. Wenn Sie das Gefühl haben, dass Sie nur wenige Rollen ausfüllen, weil Sie sich etwa hauptsächlich über Ihren Job definieren, sollten Sie hellhörig werden. Wer nur eine seiner vielen Teilidentitäten lebt, wird, wenn in diesem Bereich etwas fehlschlägt, tatsächlich oft sehr geknickt sein. Bauen Sie ein oder zwei andere Rollen aus, die Sie ohnehin inne, aber vernachlässigt haben, die als Schwester oder Freundin. Oder suchen Sie sich eine neue Rolle. Je mehr wir unsere verschiedenen Ichs mit Leben füllen, desto stabiler werden wir – und zwar ganz von selbst.

Mehr Eigensinn, bitte!

Die renommierte Schweizer Psychoanalytikerin Verena Kast wurde 2011 in einem Interview gefragt, wie Menschen denn souverän und selbstbewusst werden können. Ihre Antwort auf die schwierige Frage: Wir sollten uns überlegen, wer wir sind, was uns begeistert, wo wir uns lebendig fühlen, was wir wirklich gut können und welche Momente im Leben uns mit Stolz und Freude erfüllen.[102] Wenn wir das für uns geklärt haben, werden wir nicht nur selbstbewusster und souveräner – sondern auch viel eigensinniger. Und davor sollten wir nicht zurückschrecken. Will sagen: Alles, was an uns rebellisch, verrückt, eckig, ungewöhnlich, närrisch oder unlogisch ist, verdient mehr Platz in unserem Alltag, weil es auch ein Teil von uns ist, der uns stark macht. Ganz gleich, ob wir bei der Suche nach unserem Eigensinn über eine innere Ronja Räubertochter oder eine Rockmusikerin stolpern – zeigen Sie diese besonderen Facetten, und nutzen Sie diese. Gehen Sie außerdem immer wieder auf Entdeckungsreise nach Ihren Werten, Ansichten, Leidenschaften, Ticks. Denn nur so werden Sie diese unvergleichliche Person, die Sie sind – und in deren Gegenwart Sie sich wohl und sicher fühlen.

Oft können wir erst richtig zu uns selbst stehen, wenn wir unsere ungewöhnliche Kraft und Einzigartigkeit in jeder Situation unseres Lebens spüren, unabhängig davon, ob die Lage nun stressig oder entspannt ist. Der Eigensinn ist ein Treibstoff, eine Orientierung, ein Sichermacher. Er darf niemals fehlen.

Zum mutigen Ich gehört auch, dass wir unsere Schwächen ein wenig kultivieren und nicht versuchen, sie zu ändern oder zu verstecken, wie es oft so reflexartig bei

Menschen mit geringem Selbstwert passiert. Wenn Sie über sich Sätze sagen können wie: »Ja, ich weiß, dass ich etwas schusselig bin« oder: »Stimmt, ich schlinge beim Essen« oder: »Ja, ich bin langsamer als andere, aber ich schicke euch morgen meine Ideen per E-Mail«, dann wirkt das nicht unsicher, sondern ungemein souverän. Und so fühlen Sie sich nicht nur stark, sondern auch recht gelassen.

Mein achtzigster Geburtstag

Stellen Sie sich vor, es ist Ihr achtzigster Geburtstag und es findet eine große Feier zu Ihren Ehren statt. Sie sitzen in einem bequemen Lehnstuhl und freuen sich darüber, dass viele Menschen zu Ihrem Fest gekommen sind. Alle Gäste wollen sich mit Ihnen unterhalten und Ihnen persönlich gratulieren. Sie sind der Mittelpunkt des Abends. Stellen Sie sich diese Situation bildlich vor. Sie können dazu auch die Augen schließen. Nach dem Festmahl sitzen Ihre Gäste satt und zufrieden da. Jetzt wollen einige von ihnen eine kleine Rede halten. Vier Gäste werden über Sie sprechen – über Ihr Leben, über das, was Sie erreicht haben, über Ihre positiven Eigenschaften. Die vier Festredner sind:

- jemand aus Ihrer Familie,
- ein guter Freund beziehungsweise eine gute Freundin von Ihnen,

- ein ehemaliger Arbeitskollege und
- jemand aus dem Ort, in dem Sie leben, zum Beispiel der Bürgermeister oder ein lokaler Umweltaktivist.

Jetzt diktieren Sie den vier Personen in die Feder, was sie über Sie sagen sollen. Es geht hier nicht um das, was Sie glauben, oder was andere momentan realistisch über Sie denken und zum Ausdruck bringen würden, sondern um Ihre Wunschvorstellung. Was möchten Sie, dass andere über Sie und Ihr Leben berichten und denken, wenn Sie achtzig geworden sind?

Schreiben Sie die vier Reden; es müssen nicht mehr als jeweils zwei bis drei Sätze sein. Was sind die wichtigsten Punkte? Wenn Sie gern ausufernd sind, können Sie auch längere Passagen zu Papier bringen und die wichtigsten Aussagen zusammenfassen. Erzählt die Person aus Ihrer Familie, dass Sie als Mutter jeden Abend mit dem Essen gewartet haben, oder ist es Ihnen wichtiger, dass Sie immer da waren und zugehört haben, wenn man Sie brauchte? Lobt der frühere Arbeitskollege Ihren Fleiß und Ihre Zuverlässigkeit, oder hebt er hervor, dass Sie mit Ihren guten Ideen die Firma nach vorne gebracht haben? Was auch immer, Sie werden sehen, dass der Inhalt der Reden ganz schön überraschend sein kann – denn in ihnen zeigt sich nicht, was wir vordergründig versuchen zu sein, sondern was uns in unserem Innersten wirklich umtreibt, welche Werte wir vertreten, wie es um unseren Eigensinn bestellt ist.

Haben Sie die Reden beendet und herausgefunden, was Ihnen wirklich wichtig ist, dann sehen Sie sich Ihr aktuelles Leben an: Sind Ihre Wertvorstellungen realisiert, die Ziele, die Sie im Beruf, in der Familie, als Freundin erreichen wollten? Oft stellen wir fest, dass sich manch ein Plan, den wir im Kopf hatten, zum Beispiel in drei Jahren ein Haus zu besitzen, überhaupt nicht mit unseren Werten vereinbaren lässt. So ist es nicht möglich, all seine Zeit in einen Job zu investieren (um sich das Haus leisten zu können), wenn man sich zugleich ehrenamtlich engagieren, in einem Umweltprojekt mitwirken möchte.

Überlegen Sie weiter, wie Ihr Job, Ihre Familie, Ihre Freundschaften, Ihr Alltag ausschauen würden, wenn Sie Ihre Werte stärker verfolgen und nach ihnen handeln würden. Ein achtzigster Geburtstag ist nicht ohne emotionale Bedeutung für einen Menschen. Falls Ihnen an dem einen oder anderen Punkt nach Weinen oder Lachen zumute ist, unterdrücken Sie das nicht. Gefühle sind ein guter Wegweiser zu Ihren Sehnsüchten und zu dem, was Sie ausmacht. Viel Spaß beim Feiern!

AUSBLICK

Bleiben Sie dran!

Sie haben zehn Schritte gemacht, die Sie zu mehr Entspannung, Klarheit und Freude im Leben bringen. Es können noch mehr werden, denn es sind ja gerade die kleinen Schritte, die am meisten bewirken. Wenn wir kontinuierlich an ihnen dranbleiben, führen sie wie von selbst zu größeren Veränderungen. Für die Praxis heißt das: Blättern Sie zum Abschluss noch einmal durch das Buch, mit besonderem Augenmerk auf die Handwerker-Übungen. Bei welcher bleiben Sie hängen? Welche hat Sie besonders angesprochen? Wo dachten Sie: Das könnte ein Schlüssel für eine Veränderung sein? Falls Sie ein oder zwei Anregungen beziehungsweise Übungsfelder gefunden haben, die bei Ihnen schon beim ersten Lesen etwas ausgelöst haben: Nehmen Sie die Herausforderung an, trainieren Sie an dieser Stelle weiter, und konzentrieren Sie sich ab jetzt ganz bewusst auf diese wenigen Aspekte. Die Experten, mit denen wir gesprochen haben, die Psychologin Elke Rehhorn, die Nia-Trainerin Ann Christiansen oder die Achtsamkeitsexpertin Nicole Plinz, weisen alle immer wieder darauf hin, dass es bei den kleinen Schritten vor allem darum geht, die vorgenommenen Änderungen konsequent weiterzuverfolgen, auszubauen und zu trainieren.

Haben Sie etwa festgestellt, dass Sie sich mehr durchsetzen und abgrenzen wollen, üben Sie das im Joballtag, in der Familie, mit Freunden. Suchen Sie sich immer wieder neue Felder für Experimente – so werden Sie Schritt für Schritt sicherer und selbstbewusster werden. Wenn Sie das Thema Achtsamkeit besonders interessant fanden, praktizieren Sie diese Haltung im Kontakt mit anderen oder in aller Stille auf Spaziergängen.

Bedenken Sie: Bis ein neues Verhalten zur Routine wird, dauert es eine Weile. Eine Studie von Phillippa Lally, Sozialpsychologin am University College in London, zeigt, dass wir im Schnitt sechsundsechzig Tage brauchen, um Veränderungen – Nichtrauchen, Sporttreiben oder regelmäßig tiefer Atmen – dauerhaft zu festigen.[103] Allerdings ist das ein Durchschnittswert: Die Bandbreite reicht von achtzehn bis zu 254 Tagen. Also: Haben Sie etwas Geduld mit sich selbst. Und: Genießen Sie auch ein bisschen all die Veränderungen, die Ihnen jetzt schon gelingen.

Anne Otto und Carola Kleinschmidt

ANMERKUNGEN

1   Kundenkompass Stress: Aktuelle Bevölkerungsbefragung: Ausmaß, Ursachen und Auswirkungen von Stress in Deutschland. Techniker Krankenkasse und F. A. Z.-Institut für Management-, Markt- und Medienforschung GmbH, Frankfurt am Main 2009, S. 4

2   Andrea Lohmann-Haislah u. a.: Stressreport Deutschland 2012. Psychische Anforderungen, Ressourcen und Befinden. Bundesanstalt für Arbeitsschutz und Arbeitsmedizin. Dortmund 2012, S. 93–95

3   Kundenkompass Stress, a. a. O., S. 2

4   So krank ist Deutschland. Broschüre der Techniker Krankenkasse. Hamburg 2011, S. 15–16

5   Hans-Peter Unger, Carola Kleinschmidt: Bevor der Job krank macht. Wie uns die heutige Arbeitswelt in die seelische Erschöpfung treibt und was man dagegen tun kann. München 2006, S. 62–65

6   Ebenda

7   Ebenda, S. 96

8   British Neuroscience Association (Hg.): Neurowissenschaften. Das Wissen vom Gehirn. Liverpool, 2003, S. 35 und S. 36 (Übersetzung von Stoyan Popkirov, Ruhr-Universität Bochum); online unter: www.braincampaign.org/Pub/Pub_Main_Display.asp?LC_Docs_ID=4500

9   Hans-Peter Unger, Carola Kleinschmidt: Bevor der Job krank macht, a. a. O., S. 65 und 66

10   Kundenkompass Stress, a. a. O., S. 8–11

11   Deutsche Gesellschaft für Psychiatrie, Psychotherapie und Nervenheilkunde (DGPPN): Positionspapier der Deutschen Gesellschaft für Psychiatrie, Psychotherapie und Nervenheilkunde zum Thema Burnout. Berlin 2012, S. 4–5

12   Carola Kleinschmidt, Dagmar Penzlin: Stress, psychische Belastung, Burnout. Handeln, bevor der Job krank macht. Bertelsmann Stiftung Gütersloh 2011, S. 65 (Hörbuch-Manuskript)

13   Ebenda, S. 63

14   Barbara L. Fredrickson: The role of positive emotions in positive psychology. In: American Psychologist 2001, Vol. 56, No. 3, S. 21–226

15   Barbara L. Fredrickson: The broaden-and-build theory of positive emotions. In: Philosophical Transactions of the Royal Society, B 2004, 359, S. 1367

16   Ebenda

17   Michael A. Cohn, Barbara L. Fredrickson u. a.: Happiness unpacked: Positive emotions increase life satisfaction by building resilience. In: Emotion 2009, Vol. 9, No. 3, S. 361

18   Pressemitteilung zur rheingold-salon-Studie vom 22. Mai 2012 in Berlin: Die Unfähigkeit zu genießen. Die Deutschen und der Genuss. rheingold salon GmbH & Co. KG Köln, S. 4, siehe: www.rheingold-salon.de/grafik/veroeffentlichungen/Text_DiageoPernodRicardGenussstudie_Reader_2012-05-22%20(1).pdf

19   Stephan Grünewald: Deutschland auf der Couch. Eine Gesellschaft zwischen Stillstand und Leidenschaft. Frankfurt am Main 2006, S. 47 f.

20   Hans-Böckler-Stiftung (Hg.): Vereinbarkeit von Familie und Beruf – was im Norden besser läuft. In: Böckler Impuls, 2/2013, S. 5

21   Helen Heinemann: Warum Burnout nicht vom Job kommt. Asslar 2012, S. 216

22   Manfred Spitzer: Flow im Gehirn. Reihe Geist & Gehirn, 077; online gestellt am 28. September 2011: www.youtube.com/watch?v=ttljsRN2d7A

23   Ebenda

24　Manfred Nelting: Schutz vor Burn-out. Ballast abwerfen – kraftvoller leben. München 2012, S. 50

25　Ebenda, S. 52 f.

26　Julia Weiler: Die Macht der Gewohnheit. In: RUB-Publikation Nummer 253, Bochum, 25. Juli 2012, siehe: http://aktuell.ruhr-uni-bochum.de/pm2012/pm00253.html.de#

27　Mathias V. Schmidt, Lars Schwabe: Stressige Lektionen. In: Gehirn & Geist, 1–2/2010, S. 25–31

28　Birgit Schönberger: Die Tiefstaplerinnen. Wie Frauen sich durch Selbstzweifel ausbremsen. In: *Psychologie Heute,* 1/2011, S. 32 f.

29　Heiko Ernst: Warum positive Gefühle so wichtig sind. In: *Psychologie Heute,* 1/2006, S. 20–27

30　Barbara L. Fredrickson: Positive affect and the complex dynamics of human flourishing. In: American Psychologist 2005, Vol. 60, No. 7, S. 678–686, Zitat S. 684

31　Michael A. Cohn, Barbara L. Fredrickson u. a.: Happiness unpacked, a. a. O., S. 361

32　Sabine Asgodom: Lebe wild und unersättlich! 10 Freiheiten für Frauen, die mehr vom Leben wollen. München 2007, S. 43

33　Wir danken Klaus L. Siefert herzlich für die Inspiration zu dieser Übung.

34　Klaus L. Siefert: Die Entdeckung der geheimen Talente. In: Ratgeberseite. Fit fürs Leben. Weiterkommen durch Weiterbildung. Schleswig-Holsteinischer Zeitungsverlag, Ausgabe vom 27. Januar 2007

35　Ebenda

36　Martin E. Seligman, Tracy A. Sten, Nansook Park, Christofer Peterson: Positive psychology progress: Empirical validation of interventions. In: American Psychologist 2005, Vol. 60, No. 5, S. 410–421

37　Willibald Ruch: Was Menschen glücklich macht. In: Unimagazin Universität Zürich, 1/2007, S. 12

38　Eckart von Hirschhausen: Wer zuerst lacht, währt am längsten. In: *stern, Gesund Leben,* 3/2010, S. 122

39 Universität Zürich: Charakterstärken trainieren macht glücklich. Medienmitteilung vom 14. Juni 2012, siehe: www.mediadesk. uzh.ch/articles/2012/charakterstaerken-trainieren-macht-gluecklich.html

40 Roberta Lee: The SuperStress Solution. 4-Week Diet and Lifestyle Program. New York 2010, S. 40–46

41 Jörg-Peter Schröder, Reiner Blank: Stressmanagement. Berlin 2008, S. 53–55

42 »Ich hasse faule Menschen.« Interview mit Tim Ferriss. taz vom 7. Juni 2011

43 Stefanie Stahl: Leben kann auch einfach sein! So stärken Sie Ihr Selbstwertgefühl. Hamburg 2011, S. 98

44 Bertold Ulsamer: Der Apfel-Faktor. Wie die Familie, aus der wir kommen, beruflichen Erfolg beeinflusst. München 2009, S. 25

45 Nicole Plinz: Yoga bei Erschöpfung, Burnout und Depression. Bonn 2009, S. 53 und 55, ergänzt um Aussagen aus einem persönlichen Gespräch von Carola Kleinschmidt mit der Achtsamkeitsexpertin Nicole Plinz im Januar 2013

46 Ulrich Ott, zitiert in Carola Kleinschmidt: Kann Meditation die Welt verändern? In: *P. M. Magazin*, 4/2012, S. 42 (Für den Artikel sprach Carola Kleinschmidt persönlich mit Dr. Ulrich Ott.)

47 Ebenda

48 Britta K. Hölzel, James Carmody, Mark Vangel, Christina Congleton, Yerramsetti Sita M., Tim Gard, Sara W. Lazar: Mindfulness practice leads to increases in regional brain gray matter density. In: Psychiatry Research: Neuroimaging 2011, 191(1), S. 36–43

49 Ulrich Ott, Britta K. Hölzel, Dieter Vaitl: Brain structure and meditation: How spiritual practice shapes the brain. In: Neuroscience, Consciousness and Spirituality. Berlin 2011, S. 119–128

50 Ulrich Ott im Interview mit Carola Kleinschmidt, a. a. O., S. 43

51 Sue McGreevey: Eight weeks to a better brain. In: Harvard Science, 21. Januar 2011, siehe: http://news.harvard.edu/gazette/story/2011/01/eight-weeks-to-a-better-brain/

52   Ulrich Ott im Interview mit Carola Kleinschmidt, a. a. O., S. 43

53   Ulrich Ott im Gespräch mit Susie Reinhard: »Das Grundlegende ist eine Haltung des Wollens«. In: *Psychologie Heute,* 12/2010, S. 26–28

54   Alexa Franke, Maibritt Witte: Das HEDE-Training. Manual zur Gesundheitsförderung auf Basis der Salutogenese. Bern 2009, S. 12

55   Ebenda

56   Gerald Hüther: Jeder Mensch ist zu tiefgehenden Lern- und Veränderungsprozessen befähigt. In: Bertelsmann Stiftung (Hg.): Ressourcenförderung in Zeiten ständigen Wandels. Resilienz für Mitarbeiter, Führungskräfte und Unternehmen. Gütersloh 2013, S. 51

57   Ebenda

58   Ralf Schwarzer, Matthias Jerusalem: Das Konzept der Selbstwirksamkeit. In: Matthias Jerusalem und Diether Hopf (Hg.): Selbstwirksamkeit und Motivationsprozesse in Bildungssituationen. In: Zeitschrift für Pädagogik, 2002, Beiheft 44, S. 28–53, Zitat S. 35

59   Ruth Hoffmann: Gut versorgt in hektischen Zeiten. In: *stern. Gesund Leben,* 3/2010, S. 90–93

60   Arbeitspsychologen für bessere »Pausenkultur«. APA-Meldung vom 6. Oktober 2011, siehe: http://derstandard.at/ 1317019470007/Arbeitswelt-Arbeitspsychologen-fuer-bessere-Pausenkultur

61   LIA.fakten: Gedanken an die Arbeit beeinträchtigen die Erholung. 7/2012, siehe: www.lia.nrw.de/_media/pdf/arbeitgestalten/LIA_NRW_Factsheet_Erholung_RZ.pdf. Zur vollständigen Studie siehe: Kai Seiler, Emanuel Beerheide, Martin Figgen, Anne Goedicke, Felizitas Alaze, Reinhard Rack, Sabine Mayer, Annemarie Van Loocke-Scholz, Gerd Evers: Arbeit, Leben und Erholung. Ergebnisse einer Repräsentativbefragung in NRW. Düsseldorf, Landesinstitut für Arbeitsgestaltung des Landes NRW, 2013

62   Ebenda

63 Stefan Ueing: Erfolgreich altern! Vortrag am 23. Mai 2012 im Rahmen der Fachtagung für Erzieher: »Meine Kolleginnen werden immer jünger«. Organisator: Hamburger Arbeitsgemeinschaft für Gesundheitsförderung (HAG)

64 Ebenda

65 Die Schlaf-Informationen entstammen verschiedenen Quellen: Harald Brenner: Lernen im Schlaf. Planet Wissen (Online-Portal des WDR), 5. Oktober 2012; siehe auch: www.planet-wissen. de/alltag_gesundheit/schlaf/schlafen/lernen.jsp; www.tivi.de/fernsehen/purplus/index/32248/index.html

66 Beispielsweise verwendet der Burn-out-Experte Manfred Nelting den Vergleich von Ebbe und Flut.

67 Jim Loehr, Tony Schwartz: The Power of Full Engagement: Managing Energy, Not Time, Is the Key to High Performance and Personal Renewal. New York 2004, S. 11 f.

68 Stefan Ueing: Erfolgreich altern!, a. a. O.

69 Carola Kleinschmidt, Anne Otto: Biorhythmus: Die innere Uhr, siehe: www.brigitte.de/job-geld/karriere/innere-uhr-biorhythmus-530526/

70 Siehe: www.braingym.org

71 Jaan Karl Klasmann: Gesundes Schwingen. In: *Psychologie Heute*, 7/2005, S. 20–29

72 Markus Münch-Pauli: Schäfchen zählen und entspannen: Das hilft bei Schlafstörungen, siehe: http://ipad.saarbruecker-zeitung. de/gesundheit/expertentipps/art4476,4452479#.UUdD3EK2Zd0

73 Bertelsmann Stiftung (Hg.): Ressourcenförderung in Zeiten ständigen Wandels. Gütersloh 2013, S. 45. Die Übung wurde von Carola Kleinschmidt leicht verändert.

74 Erich Latniak, Anja Gerlmaier: Zwischen Innovation und alltäglichem Kleinkrieg. Zur Belastungssituation von IT-Beschäftigten. In: IAT-Report, 2006/4, S. 1–10

75 Ebenda

76 Siehe: www.aphorismen,de; www.zitatbox.de

77 Die Zahlen sind aus einer Emnid-Umfrage im Auftrag des Focus-Magazins. Die Kunst des klugen Nein. In: *Focus,* 41/2012

78   Dagmar Ruhwandl: Erfolgreich ohne auszubrennen. Das Burnout-Buch für Frauen. Stuttgart 2007, S. 24 f.

79   Maja Storch: Die Pizza-Probe. In: Gehirn & Geist 2004, Heft 1, S. 87

80   Wer zu oft ja sagt, schadet sich und seiner Karriere. In: *Focus*, 41/2012

81   Anja Krumpholz-Reichel: Rivalinnen. In: *Psychologie Heute*, 11/2004, S. 43

82   Gay Hendricks: Lebe dein Leben, bevor das andere für dich tun. Mehr wagen und über sich selbst hinauswachsen. München 2010, S. 68

83   Anne Otto: 21 Fragen: Ich bin im Stress ... Was tun? In: Brigitte Balance, 6/2011, S. 75

84   Carola Kleinschmidt: Jung alt werden. Warum es sich mit 40 lohnt, an 80 zu denken. Hamburg 2010, S. 101

85   Johanna Romberg: Wie das Leben glückt. In: GEO, 6/2011, S. 108–132

86   Alexa Franke: Das HEDE-Training, a. a. O., S. 52

87   Julia Cameron: Der Weg des Künstlers. Ein spiritueller Pfad zur Aktivierung unserer Kreativität. München 1996, S. 92

88   Sybil Carrère, John Mordechai Gottman: Predicting divorce among Newlyweds from the first three minutes of a marital conflict discussion. In: Family Process, 1999, Vol. 38(3), S. 293–301

89   Patricia Love, Steven Stosny: Schatz, wir müssen gar nicht reden! Wie Sie Ihre Beziehung in weniger als 5 Minuten täglich verbessern. Frankfurt am Main 2009, S. 8

90   Wassilios E. Fthenakis, Bernhard Kalicki, Gabriele Peitz: Paare werden Eltern. Opladen 2002, S. 71

91   Wolfgang Schmidbauer: Liebe. Was Paare zusammenhält. In: *Spiegel Wissen*. Heft 2, 2012

92   Cornelia Werner: Die lange Geschichte vom Burn-out. In: *Hamburger Abendblatt*, 17./18. November 2012, S. 39

93   Ebenda

94   Brittany Gentile, Jean M. Twenge: Birth cohort differences in

self-esteem, 1988–2008: A cross-temporal meta-analysis. In: Review of General Psychology, 14/2010, S. 261–268

95   Harlich H. Stavemann: ... und ständig tickt die Selbstwertbombe. Selbstwertprobleme erkennen und lösen. Weinheim 2011, S. 11

96   Pauline Rose Clance, Debbara Dingman, Susan L. Reviere, Dianne R. Stober: Impostor Phenomenon in an interpersonal/social context: Origins and treatment. In: Women and Therapy, 1995, 16(4), S. 79–96

97   Stefanie Stahl: Leben kann auch einfach sein! A. a. O., S. 16

98   Joanne V. Wood u. a.: Positive self-statements: Power for some, peril for others. In: Psychological Science, 20/7, 2009, S. 860–866

99   Kristin Neff: Review of the mindful path to self-compassion: Freeing yourself from destructive thoughts and emotions. In: British Journal of Psychology, 2010, 101, S. 179–181

100   Ursula Nuber: Was mache ich nur falsch? In: *Psychologie Heute,* 3/2011, S. 26–32

101   Harlich H. Stavemann: ... und ständig tickt die Selbstwertbombe, a. a. O., S. 22 .

102   Verena Kast im Interview: »Den Schatten akzeptieren«. In: *GEO Wissen,* 3/2011, S. 28–34

103   Phillippa Lally u. a.: How are habits formed: Modelling habit formation in the real world. In: European Journal of Social Psychology, Vol. 40, No. 6, S. 998–1009

LITERATUR UND WEBSEITEN

Literatur

Wer über Stress, Work-Life-Balance und Persönlichkeitsentwicklung mehr wissen will, dem sei folgende Literaturliste empfohlen. Wir haben die Bücher nach verschiedenen Fragestellungen aufgeteilt, damit Sie genau da weiterlesen können, wo Sie etwas besonders anspricht. Einige der von uns empfohlenen Bücher sind Ratgeber, in denen Sie zusätzliche Übungen zum Trainieren finden, andere beschäftigen sich auch aus philosophischer und gesellschaftlicher Perspektive mit dem Thema Stress.

1. Warum wir immer gestresster sind, und wie man sich das gesellschaftlich erklären kann:

Stephan Grünewald: Deutschland auf der Couch. Eine Gesellschaft zwischen Stillstand und Leidenschaft. Frankfurt am Main 2006

Helen Heinemann: Warum Burnout nicht vom Job kommt. Die wahren Ursachen der Volkskrankheit Nr. 1. Asslar 2012

Manfred Nelting: Schutz vor Burn-out. Ballast abwerfen – kraftvoller leben. Entschleunigung im modernen Arbeitsalltag. München 2012

Richard Sennett: Der flexible Mensch. Die Kultur des neuen Kapitalismus. München 2000

Hans-Peter Unger, Carola Kleinschmidt: Bevor der Job krank macht. Wie uns die heutige Arbeitswelt in die seelische Erschöpfung treibt und was man dagegen tun kann. München 2011

2. Über einen gelasseneren und clevereren Umgang mit Arbeit:
Sabine Asgodom: Lebe wild und unersättlich! 10 Freiheiten für Frauen, die mehr vom Leben wollen. München 2007
Timothy Ferriss: Die 4-Stunden-Woche. Mehr Zeit, mehr Geld, mehr Leben. München 2001
Svenja Hofert: Das Slow-Grow-Prinzip. Lieber langsam wachsen als schnell untergehen. Offenbach 2011
Carola Kleinschmidt, Anne Otto: My Way. Wie Frauen erreichen, was wirklich zu ihnen passt. Eine Orientierungshilfe. München 2008
Verena Steiner: Energie Kompetenz. Produktiver denken, wirkungsvoller arbeiten, entspannter leben. München 2005

3. Bücher für mehr Kreativität im Job und im Alltag:
Julia Cameron: Der Weg der Künstlers. Ein spiritueller Pfad zur Aktivierung unserer Kreativität. München 1996
Svenja Hofert: Das Karrieremacherbuch. Erfolgreich in der Jobwelt der Zukunft. Frankfurt am Main 2009
Cordula Nussbaum: Bunte Vögel fliegen höher. Die Karrieregeheimnisse der kreativen Chaoten. Frankfurt am Main 2011

4. Für eine liebevolle, gelassenere Beziehung:
Mathias Jung: Ich liebe dich. Nur nicht grad jetzt. Große Liebe, kleine Krisen. Freiburg im Breisgau 2009
Harriet Lerner: Beziehungs-Regeln. Die ultimativen Tipps für alle, die Partnerschaftskrisen satt haben. München 2012
Patricia Love, Steven Stosny: Schatz, wir müssen gar nicht reden! Frankfurt am Main 2009

5. Über den achtsamen und cleveren Umgang mit Stress:

Thomas Hohensee: Gelassenheit beginnt im Kopf. So entwickeln Sie einen entspannten Lebensstil. München 2007

Linda Lehrhaupt, Petra Meibert: Stress bewältigen mit Achtsamkeit. Zu innerer Ruhe kommen durch Mindfulness-Based Stress Reduction. München 2010

Nicole Plinz: Yoga bei Erschöpfung, Burnout und Depression. Köln 2009

Ulrich Schnabel: Muße. Vom Glück des Nichtstuns. München 2012

Jörg-Peter Schröder, Reiner Blank: Stressmanagement. Stress-Situationen erkennen – erfolgreiche Maßnahmen einleiten. Berlin 2011

6. Hilfe und Orientierung bei Burn-out:

Manfred Nelting: Burn-out. Wenn die Maske zerbricht. Wie man Überlastungen erkennt und neue Wege geht. München 2010

Dagmar Ruhwandl: Erfolgreich ohne auszubrennen. Das Burn-out-Buch für Frauen. Stuttgart 2007

Hans-Peter Unger, Carola Kleinschmidt: Bevor der Job krank macht. Wie uns die moderne Arbeitswelt in die seelische Erschöpfung treibt und was man dagegen tun kann. München 2006

7. Über Werte und glückliche Lebensplanung:

Daniel Gilbert: Ins Glück stolpern. Suche dein Glück nicht, dann findet es dich von selbst. München 2008

Russ Harris: Wer dem Glück hinterherrennt, läuft daran vorbei. München 2009

Paola Molinari: Lebe, statt zu funktionieren. So nutzen Sie die Kraft der Intuition. München 2010

Rebekka Reinhard: Die Sinn-Diät. Warum wir schon alles haben, was wir brauchen. München 2011

8. Kindheitsmuster und überlebte Ängste überwinden:
Petra Bock: Mind Fuck. Warum wir uns selbst sabotieren und was wir dagegen tun können. München 2011
Erika J. Chopich, Margaret Paul: Aussöhnung mit dem inneren Kind. Berlin 2003
Ursula Nuber: Lass die Kindheit hinter dir. Das Leben endlich selbst gestalten. München 2012

9. Mehr Selbstvertrauen gewinnen und Grenzen setzen:
Gay Hendricks: Lebe dein Leben, bevor es andere für dich tun. Mehr wagen und über sich selbst hinauswachsen. München 2010
Stefanie Stahl: Leben kann auch einfach sein! So stärken Sie Ihr Selbstwertgefühl. Ellert und Richter 2011
Harlich H. Stavemann: ... und ständig tickt die Selbstwertbombe. Selbstwertprobleme erkennen und lösen. Weinheim 2011

Webseiten der Experten

Ann Christiansen, international agierende Ausbilderin und Trainerin in Nia: www.anniann.de
Svenja Hofert, Coach aus Hamburg: www.karriereundentwicklung.de
Dr. Manfred Nelting, Facharzt für psychosomatische Medizin und Psychotherapie in Bonn: www.gezeitenhaus.de
Andrea Patzer, Psychotherapeutin und Coach in Hamburg, Praxis für Persönlichkeitsentwicklung: www.pfp-hamburg.de
Elke Rehhorn, Hamburger Psychologin und Psychotherapeutin: www.elke-rehhorn.de
Jörg-Peter Schröder, Arzt, Führungscoach und Burn-out-Experte in Mainz: www.frequenzwechsel.de

Klaus Siefert, Talentcoach: www.siefert-talente.de
Ursula Wawrzinek, Münchner Managementberaterin, Schwerpunkt
  Konfliktberatung: www.konfliktberaterin.de

Carola Kleinschmidt: www.carolakleinschmidt.de
Anne Otto: www.anne-otto.de

DANK

Zuerst möchten wir uns ganz herzlich bei der Redaktion BRIGITTE bedanken, besonders bei Sinja Schütte und Claudia Münster, die vom Projekt gleich überzeugt waren und es schnell auf den Weg gebracht haben. Auch Britta Hansen vom Diana Verlag, die mit ihrer aufgeräumten Art immer wieder gute Tipps zur Form des Buches gegeben hat, gilt unser herzlicher Dank. Unsere Lektorin Regina Carstensen hat uns mit ihrer sorgfältigen Textarbeit und ihrem Humor ebenfalls sehr unterstützt. Wir haben uns über die Zusammenarbeit gefreut. Nicht zuletzt wollen wir natürlich auch unseren Familien danken: Jochen Schmadtke und Luk Otto sowie Alexander Kiausch, Felix und Max.

Anne Otto: Eine Art übergeordneten Dank für die vielen guten Einschätzungen zum Thema Stress und Persönlichkeit richte ich an den Psychodramatiker Karim Hashim und an die Psychotherapeutin Martina Rosenbaum. Eure psychologisch-therapeutische Haltung ist an vielen Stellen mit in den Text eingeflossen.

Carola Kleinschmidt: Ich möchte mich recht herzlich bei all meinen Interviewpartnern, Experten und Teilnehmern an Vorträgen bedanken. Sie haben mich immer wieder auf neue Facetten rund um das Thema Stress aufmerksam gemacht, mich inspiriert und bereichert. Ohne diesen lebendigen Austausch wäre dieses Buch nicht entstanden. Ein herzlicher Dank geht ebenso an Anna Sophie Weinert. Sie hat meinen Blick auf das Leben maßgeblich beeinflusst.

Balance-Yoga

Effektive und ganzheitliche Trainingsprogramme
für Körper und Seele

Den Alltag hinter sich lassen, die Energiezentren des Körpers aktivieren –
BRIGITTE Balance-Yoga hält fit, formt die Figur, wirkt entgiftend und
entspannt ganzheitlich. Von den Basics bis zum Intensivtraining –
für Einsteigerinnen und Fortgeschrittene.

ISBN 978-3-453-28537-8   Leseprobe unter www.diana-verlag.de   **Diana** Verlag